Kurzgeschichten
Mit Aussprachepraxis

Schwedisch

Vorwort

Hallo, liebe Leserin, lieber Leser! 👋

Willkommen zu einer besonderen Reise, um Schwedisch zu lernen. In diesem Buch haben wir einen spaßigen Weg, um dir zu helfen. 🎉

Hier gibt es 50 Geschichten. Auf der einen Seite siehst du die Geschichte auf Deutsch. Auf der anderen Seite ist sie auf Schwedisch. Aber jetzt kommt das Beste: Unter jeder schwedischen Geschichte gibt es eine Aussprachehilfe. Dieser Leitfaden hilft dir, die Wörter genau so auszusprechen, wie es ein Schwede tun würde. 🗣

Ach, und vergiss nicht, die Bilder zu genießen! Sie sind hier, um die Geschichten noch unterhaltsamer zu machen. ■

Geschichten helfen uns, das Gelernte besser im Gedächtnis zu behalten. Am Ende dieses Buches wirst du nicht nur viele schwedische Wörter kennen, sondern auch wissen, wie man sie ausspricht.

Lass uns dieses Abenteuer beginnen! 🚀

Wie man schwedische Buchstaben ausspricht

A, a - ähnlich wie das deutsche „a" in "Katze".
E, e - liegt zwischen dem deutschen „e" in "beten" und "bitten".
I, i - ähnlich wie das deutsche „i" in "Tinte".
O, o - etwas zwischen dem deutschen "o" in "Boot" und "offen".
U, u - ähnlich wie das deutsche „u" in "Gute".
Y, y - ähnlich wie das deutsche „ü" in "über".
Å, å - ähnlich wie das deutsche „o" in "oft".
Ä, ä - ähnlich wie das deutsche „ä" in "Käse".
Ö, ö - ähnlich wie das deutsche „ö" in "Köln".

Schwedische Konsonanten: (Viele sind ähnlich wie im Deutschen)

B, b - wie das deutsche „b" in "Boot".
C, c - entweder wie "k" in "Kuchen" oder "s" in "sie", je nach Position und folgendem Vokal.
D, d - ähnlich wie das deutsche „d" in "Dach".
F, f - wie das deutsche „f" in "Fisch".
G, g - ähnlich wie das deutsche „g" in "Gans", kann aber in einigen Wörtern auch wie „j" in "ja" klingen.
H, h - wie das deutsche „h" in "Haus".
J, j - meist wie das deutsche „j" in "ja".
K, k - wie das deutsche „k" in "Kuchen".
L, l - wie das deutsche „l" in "Lampe".
M, m - wie das deutsche „m" in "Maus".
N, n - wie das deutsche „n" in "Nase".
P, p - wie das deutsche „p" in "Papier".
R, r - gerolltes R, ähnlich wie in manchen deutschen Dialekten.
S, s - wie das deutsche „s" in "Sonne".
T, t - wie das deutsche „t" in "Tisch".
V, v - klingt meistens wie das deutsche „w" in "Wasser".
W, w - wird in Schwedisch selten verwendet und klingt dann oft wie ein deutsches 'v'.
X, x - wie das deutsche "x" in "Examen".
Z, z - wird selten in Schwedisch verwendet und klingt dann wie "s".

Inhaltsverzeichnis

6. Die Reise des verlorenen Kätzchens 🐱
8. Fünf-Minuten-Uhr ⬢
10. Strandflaschen-Nachricht
12. Verstecktes Tagebuch
14. Der geheimnisvolle Schlüssel 🔑
16. Mondlicht Garten
18. Schelmischer Schatten
20. Fortsetzender Traum 🌙
22. Verspäteter Brief
24. Ehrlicher Kuchen
26. Magischer Buchladen ✨
28. Schuhe der Sehnsucht 👠✨
30. Erinnerungsspielzeug
32. Jugendlicher Spiegel
34. Leitender Leuchtturm
36. Ewiger Regen ☂️🌧️
38. Flüsternde Bücher
40. Jahrhundertfest 🎉
42. Wechselndes Gemälde 🎨
44. Tatblumen 🌷
46. Erinnerungsmarkt 🛍️🔍
48. Schlafzimmer
50. Bewegte Statue 🌿
52. Erinnerungszug 🚂

54.	Zukunftskamera 📷🎈
56.	Singender Baum 🌳🎶
58.	Sonnenuntergangstür 🚪
60.	Unsichtbarer Mantel 🧥👻
62.	Mysteriöses Karneval 🎪🔍
64.	Anderer Himmelsweiher 🌊
66.	Uraltes Vogellied 🎶🦜
68.	Magisches Rezept 🍲✨
70.	Lebende Schneemänner ⛄❄
72.	Gefühls-Brosche 💎
74.	Schatz-Musikdose 🎶
76.	Versteckte Inselkarte 🌴
78.	Nacht-Museum 🌙
80.	Zeitbrücke ⌛
82.	Wunschbrunnen 💫
84.	Schachgeschichte ♟
86.	Fernes Teleskop 🔭✨
88.	Unbekannter Aufzug 🔍
90.	Winterblüten 🌸❄
92.	Weisheitshut 🎩
94.	Liebesglühen Halskette ❤✨
96.	Wandelndes Labyrinth 🌀🌿
98.	Ereignisglocke 🔔🎉
100.	Kreaturen Schule 🐾
102.	Gedankenlesen-Tag 💭
104.	Sternenstaubbrunnen ⛲✨

Die Reise des verlorenen Kätzchens

In einem ruhigen Viertel wanderte ein neugieriges gestreiftes Kätzchen von ihrem warmen Bett weg. Fasziniert erkundete sie die Umgebung, sah hohe Bäume und hörte das lebhafte Zwitschern der Vögel. Als die Stunden vergingen, knurrte ihr kleiner Bauch vor Hunger. Sie miaute leise in der Hoffnung auf etwas Futter. In der Nähe bemerkte ein freundliches Eichhörnchen sie und bot ihr freundlicherweise einige Nüsse an. Sie schnupperte daran, erkannte, dass es nicht ihre übliche Mahlzeit war, war aber dankbar für die Freundlichkeit des Eichhörnchens. Als die orangefarbenen Töne des Sonnenuntergangs begannen, sich über den Himmel auszubreiten, erfasste sie ein vertrauter Geruch. Sie folgte ihm und sah ihr Lieblingsspielzeug vor einer Haustür. Mit einem freudigen Hüpfer erkannte sie, dass es ihr Zuhause war, und sie wurde herzlich willkommen geheißen.

Resan av den förlorade kattungen 🐱

I ett lugnt kvarter vandrade en nyfiken randig kattunge bort från sin varma säng 🛏. Fascinerad utforskade hon omgivningen, såg höga träd 🌳 och hörde de livliga fåglarnas kvitter 🐦. När timmarna gick blev hennes lilla mage hungrig. Hon mjauade tyst i hopp om att få lite mat. Nära henne märkte ett vänligt ekorre 🐿 henne och erbjöd vänligt några nötter. Hon sniffade på dem, insåg att det inte var hennes vanliga måltid, men var tacksam för ekorrens vänlighet. När de orangea nyanserna av solnedgången 🌅 började sprida sig över himlen, kände hon en bekant lukt. Hon följde den och såg hennes favoritleksak framför en ytterdörr. Med ett glatt skutt insåg hon att det var hennes hem 🏠, och hon välkomnades varmt.

Resan av den förlorade kattungen 🐱 (Aussprache)

I ett luuhnt kvar-ter vandrade en nyy-feeken ran-digh kat-toong-geh bort fraan seen varma saang 🛏. Fasch-ineerad oot-forskade hon om-geev-ningen, zaag höga traad 🌳 oond hörde deh liv-lee-gah fog-larnas kwit-ter 🐦. När tim-mar-na gikk blev hennes lilla magge hoong-rik. Hon mjau-ade tyst i hopp om att få lite mat. Naera henne maerkte ett vaenligt eekorre 🐿 henne oond erb-yood vaenligt noogha noetter. Hon sniffade poh dem, insaag att det inte var hennes vanliga maaltid, men var tak-saam för eekorrens vaenlighet. När de oran-ghea nyaansen av sol-ned-gaangen 🌅 började sprida sig ööver himlen, kaende hon en bekant lukt. Hon följde den oond saag hennes favorit-leksak framför en ytter-dörr. Med ett glatt skutt insaag hon att det var hennes hem 🏠, oond hon välkomnades varmt.

Fünf-Minuten-Uhr

John hatte eine merkwürdige Uhr. Anders als andere konnte sie nur fünf Minuten zählen. Freunde neckten oft: "Was bringt das?" An einem belebten Bahnhof fiel einer Frau Johns besondere Uhr auf. Neugierig begannen sie zu plaudern. Jeden Tag führten sie ein fünfminütiges Gespräch, bis die Uhr ihr Signal gab. "Die Zeit ist um", würde John mit einem Augenzwinkern sagen. Ihre Treffen wurden zu einer geschätzten Routine. Durch diese kurzen Gespräche entdeckten sie, dass wahre Verbindungen nicht immer endlose Stunden benötigen; manchmal sind fünf Minuten täglich mehr als genug, um Liebe zu entfachen.

Fem-Minuters Klocka 🔔

John hade en udda klocka. Till skillnad från andra kunde den bara räkna fem minuter 🔔. Vänner skämtade ofta, "Vad är poängen?" På en livlig tågstation 🧳 fångade Johns unika klocka en kvinnas uppmärksamhet. Nyfikna började de prata. Varje dag skulle de dela ett fem-minuters samtal tills klockan pep sin varning. "Tiden är ute," skulle John säga med en blinkning. Deras möten blev en värderad rutin. Genom dessa korta samtal upptäckte de att sanna kopplingar inte alltid kräver oändliga timmar; ibland är fem minuter dagligen mer än tillräckligt för att tända kärlek 💔.

Fem-Minuters Klocka 🔔 (Aussprache)

John hade en udda kloh-ka. Till shil-nad fraan andra koonde den bara rehkna fem minuter 🔔. Vaenner skaemtade ofta, "Vad aer po-angen?" Poh en liv-ly tawg-station 🧳 fohngade Johns unika kloh-ka en kvin-nas upp-mehr-sam-het. Ny-feek-na bör-yade de prahta. Var-ye dag skoolde de dela ett fem-minuters samtahl tills kloh-kaan pep sin var-ning. "Teeden aer oote," skoolde John se-ga med en blink-ning. Deras möten blev en vaer-derad rootin. Genom dessa korta samtahl upptookte de att sanna kop-plingar inte alltid kreh-ver oend-liga tim-mar; ibland aer fem minuter dag-ligen mer aen till-rehk-ligt för att tehn-da kaer-lek 💔.

Strandflaschen-Nachricht ⛱

Anna fand immer Trost am Strand. Während eines Sonnenuntergangspaziergangs stolperte ihr Fuß über eine Flasche, und darin lag eine sorgfältig gefaltete Notiz 📜. "Hallo aus der Ferne! Einen Freund suchen?" Sie lächelte, schrieb eine Antwort ✏: "Warum nicht? Ich werfe sie zurück!" Sie schleuderte die Flasche in die rollenden Wellen 🌊. Tage später, während sie sonnenbadete, spülte eine andere Flasche neben ihr an Land. Die Nachricht lautete: "Wunderbar! Morgen zur gleichen Zeit?" Mit einem Grinsen erkannte Anna, dass Freundschaften manchmal auf unerwartetste Weise beginnen, sogar nur mit einer Nachricht in einer Flasche 👫.

Strandflaskpost 🏖

Anna fann alltid tröst vid stranden. Under en solnedgångspromenad snubblade hon med foten på en flaska, och inuti fanns ett prydligt vikt brev 📜. "Hej från fjärran! Söker en vän?" Hon log och skrev ett svar ✏️, "Varför inte? Kastar tillbaka!" Hon kastade flaskan in i de rullande vågorna 🌊. Dagar senare, medan hon solade, spolades en annan flaska upp bredvid henne. Meddelandet löd: "Underbart! Samma tid imorgon?" Med ett leende insåg Anna att vänskaper ibland börjar på de mest oväntade sätten, även med bara ett meddelande i en flaska 👫.

Strand-flask-post 🏖 (Aussprache)

Anna fann al-leed trööst veed stranden. Oonder en sol-ned-goongs-prommenad snublade hon med footen poo en flask-a, ohk in-ootee fanns et prüd-leet vikt brev 📜. "Hay fråån fjarr-an! Suhker en vän?" Hon log ohk skrev ett svar ✏️, "Var-für inte? Kastar till-baka!" Hon kastade flaskan in ee deh rooll-ahnde voh-gorna 🌊. Dah-gar sen-ahre, med-an hon solade, spol-ahdes en annan flask-a oopp bred-veed henne. Med-dell-ahndet löd: "Oonder-bart! Samma teed eem-orgon?" Med ett leende insåg Anna att vens-kaper ibland bör-yar poo deh mehst oh-vehn-tahde saht-ten, eh-ven med bara ett med-dell-ahnde i en flask-a 👫.

Verstecktes Tagebuch 📔

Jeden Abend saß Sarah an ihrem Fenster und kritzelte Gedanken in ein uriges, ledergebundenes Tagebuch. Eines Tages verschwand es 🌀. Verzweifelt suchte sie überall. Auf ihrer Suche entdeckte sie wieder Kinderspielzeug 🧸 und las Briefe von alten Freunden ✉️. Die Suche fühlte sich an wie eine Reise durch ihre Vergangenheit. Als die Nacht hereinbrach, gab ihr kleiner Bruder ihr schüchtern das Tagebuch zurück und sagte, er habe es genommen, um sich inspirieren zu lassen, sein eigenes zu schreiben. Sie umarmte ihn, erkannte, dass der Tag nicht um das verlorene Tagebuch ging, sondern darum, Erinnerungen zu schätzen ❤️.

Dold Dagbok ▪

Varje kväll skulle Sarah sitta vid sitt fönster och skissa tankar i en pittoresk läderbunden dagbok. En dag försvann den 🌀. I panik sökte hon överallt. Under hennes sökande återupptäckte hon barndomsleksaker 🧸 och läste brev från gamla vänner ▪. Sökandet kändes som en resa genom hennes förflutna. När natten kom, gav hennes lillebror blygt tillbaka dagboken, och sa att han hade tagit den för inspiration att skriva sin egen. Hon kramade honom, och insåg att dagen inte handlade om den förlorade dagboken, utan om att vårda minnen ▪.

Dold Dag-bok ▪ (Aussprache)

Var-yeh kväll skool-uh Sarah seet-ta veed seet fönster ohk skeessa tank-ar i en pitto-resk läder-bounden dag-book. En dahg fur-svahn den 🌀. Ee panik sök-teh hon ö-ver-ahlt. Oonder hennes sö-kahnde åter-upptäk-teh hon barn-dooms-lek-sahker 🧸 ohk lees-teh brev fråån gamm-la venn-er ▪. Sö-kahndet kändes som en resa genom hennes för-flut-na. När naht-ten kom, gav hennes lille-broor blygt till-baka dag-book-en, ohk sa att han hade tah-git den för in-spira-tion att skree-va seen eh-gen. Hon kram-ahde hon-om, ohk in-såg att dah-gen inte handlade om den för-lor-ahde dag-book-en, ootan om att vard-a minn-en ▪.

Der geheimnisvolle Schlüssel 🗝

Beim Aufräumen des Dachbodens ihrer Großmutter fand Ella einen kunstvoll verzierten Schlüssel. Sein kompliziertes Design und das unbekannte Emblem weckten ihre Neugier. 🔔 Die alte Frau, die Ellas Interesse sah, kicherte: „Ah, der Schlüssel zu vergessenen Geschichten!" Mit einem Funkeln in den Augen begann sie, Geschichten aus ihrer Jugend zu erzählen, von unbekannten Orten und unerzählten Abenteuern. Jede Geschichte klang wie ein Märchen. 👑✨ Als der Tag zu Ende ging, gab Oma Ella den Schlüssel: „Er öffnet keine Türen, sondern Erinnerungen. Gib ihn weiter, damit unsere Geschichten weiterleben." Von diesem Tag an wurde der Schlüssel zum Behälter der Familiensaga, der mit jeder inspirierten Geschichte Türen zur Vergangenheit öffnete. 📜🗝

Den Mystiska Nyckeln 🔑

Ella hittade en utsmyckad nyckel när hon städade sin farmors vind. Dess detaljerade design och okända emblem väckte hennes nyfikenhet. 🧝 Den äldre kvinnan, som såg Ellas intresse, skrattade, "Åh, nyckeln till glömda berättelser!" Med ett leende i ögat började hon berätta historier från sin ungdom, om osedda platser och outtalade äventyr. Varje historia lät som ett sagoslott. 👑✨ När dagen led mot sitt slut, gav farmor Ella nyckeln, "Den låser inte upp dörrar, men minnen. Ge den vidare, så våra sagor lever vidare." Från den dagen blev nyckeln ett kärl för familjesagor, och öppnade dörrar till det förflutna med varje saga den inspirerade. 📜🔑

Den Mis-ti-ska Nyck-eln 🔑 (Aussprache)

Ella hit-ta-deh en oot-smyck-ad nyck-el när hon städ-ah-deh seen farmors vind. Dess det-al-yeh-rahde design ohk oh-kända em-blem vek-teh hennes nyfiken-het. 🧝 Den äldre kvinn-an, som såg Ellas in-tresse, skrat-ta-deh, "Åh, nyck-eln till glöm-da ber-ät-tel-ser!" Med ett leen-deh i ö-gat bör-ya-deh hon ber-ät-ta his-to-rier från seen oong-dom, om oh-seed-na plat-ser ohk out-tal-ahde äventyr. Var-yeh his-to-ria lät som ett saga-slott. 👑✨ När dah-gen led mot seet slut, gav farmor Ella nyck-eln, "Den lå-ser inte oopp dörr-ar, men minn-en. Geh den vee-dah-reh, så vå-ra sa-gor lever vee-dah-reh." Från den dah-gen blev nyck-eln ett kär-el för familje-sa-gor, ohk öp-pna-deh dörr-ar till det för-flut-na med var-yeh saga den ins-pira-reh-deh. 📜🔑

15

Mondlicht Garten 🌑🌳

An Nächten, wenn der Mond am vollsten war, verwandelte sich Lenas Garten. Wenn Mondstrahlen den Boden berührten, sangen die Rosen sanfte Wiegenlieder 🌹🎶, und die Gänseblümchen tanzten mit dem Wind. Ein einst stummer Teich hallte vom harmonischen Zirpen leuchtender Frösche wider 🐸✨, und die Bäume flüsterten Geheimnisse der Erde. 🍂🟫 Lena schlenderte oft herum und ließ sich verzaubern. In einer mondlichten Nacht teilte ein sprechender Schmetterling 🦋 ein Geheimnis: "Dieser Garten blüht durch Liebe. Je mehr du dich kümmerst, desto mehr Magie bringt er." Mit jedem vollen Mond vertiefte sich Lenas Bindung an ihren Garten, was bewies, dass Magie wirklich dort blüht, wo Liebe wohnt. 🌙🍀

Månbelyst Trädgård 🌑🌺

På nätter när månen var som mest fullständig, förvandlades Lenas trädgård. När månstrålarna rörde marken, sjöng rosorna mjuka vaggvisor, 🌷🎵 och prästkragarna dansade med vinden. En tidigare tyst damm ekade av den harmoniska kvalet från lysande grodor, 🐸✨ och träden viskade jordens hemligheter. 🌳⬛ Lena vandrade ofta omkring, uppslukad av förtrollningen. En månbelyst natt, delade en talande fjäril 🦋 en hemlighet: "Denna trädgård blomstrar på kärlek. Ju mer du bryr dig, desto mer magi bär den." Med varje fullmåne fördjupades Lenas band med hennes trädgård, vilket bevisade att magi verkligen blomstrar där kärlek bor. 🌙🍀

Mån-beh-lyst Träd-gård 🌑🌺 (Aussprache)

Poo nät-ter när moon-en var som mest full-ständ-ig, för-vand-lah-des Lenas träd-gord. När moon-strå-lar-na rör-deh mark-en, sjöng ros-or-na mjoo-ka vagg-vis-or, 🌷🎵 ohk präst-krage-ar-na dansa-deh med vinn-den. En tid-i-are tyst damm eh-ka-deh av den har-mon-is-ka kvale-t från ly-sand-e grod-or, 🐸✨ ohk trä-dehn vis-ka-deh yor-dens hem-li-ge-ter. 🌳⬛ Lena vand-ra-deh oft-a om-kring, up-sloo-kad av för-troll-ning-en. En moon-be-lyst natt, de-la-deh en tal-ande fjär-il 🦋 en hem-li-ghet: "Den-na träd-gord blom-strar på kär-lek. Ju mer du bryr dig, des-to mer ma-gi bär den." Med var-yeh full-moon-e för-djoo-pa-des Lenas band med hennes träd-gord, vil-ket be-vis-a-deh att ma-gi verk-lig-en blom-strar där kär-lek bor. 🌙🍀

Schelmischer Schatten 🌑

Jeden Abend, wenn die Sonne sich verneigte, bemerkte Lily, dass ihr Schatten sich seltsam verhielt. Statt sie nachzuahmen, tanzte er herum, machte lustige Gesten und versteckte sich manchmal sogar hinter Bäumen. 🌲🌑 Neugierig versuchte sie, mit ihm zu sprechen. Zu ihrem Erstaunen antwortete er mit schattigen Handzeichen! ✋✨ Als sie erkannte, dass ihr Schatten die Spielzeit liebte, begann sie, abendliche Streiche zu machen. Sie spielten Verstecken, ahmten Vögel nach oder tanzten einfach herum. 🐦💃 Mit der Zeit wuchs ihre Bindung. Die Leute dachten, Lily würde sich selbst amüsieren, ohne von ihrem verspielten Schattenbegleiter zu wissen. Von diesem Tag an wurde der Sonnenuntergang zu Lilys Lieblingszeit, denn er war gefüllt mit stillen Kichern und schattigen Spielen. ⬛🎈

Busig Skugga ●

Varje kväll, när solen bugade sig, märkte Lily att hennes skugga betedde sig konstigt. Istället för att härma henne, dansade den runt, gjorde roliga gester och gömde sig ibland bakom träd. 🌲● Nyfiken, försökte hon prata med den. Till hennes förvåning svarade den med skuggiga handtecken! 🖐✨ När hon insåg att hennes skugga älskade lekstunder, började hon delta i kvällsupptåg. De lekte kurragömma, härmade fåglar, eller dansade bara runt. 🐦 💃 Med tiden växte deras band. Folk trodde att Lily roade sig själv, omedveten om hennes lekfulla skuggkamrat. Från den dagen blev solnedgången Lilys favorittid, för den var fylld med tysta skratt och skuggiga spel. ■ 🎈

Boo-sig Skug-ga ● (Aussprache)

Var-yeh kväll, när sol-en boo-ga-deh sig, märk-teh Lily att hennes skug-ga beh-teh-deh sig kon-stig. Is-tal-let för att här-ma henne, dan-sa-deh den runt, gjor-deh roo-liga ges-ter ohk göm-deh sig ib-land ba-kom trä-d. 🌲● Ny-fi-ken, för-sök-teh hon prat-a med den. Till hennes för-vå-ning svar-a-deh den med skug-gi-ga hand-teg-en! 🖐✨ När hon in-såg att hennes skug-ga äls-ka-deh lek-stund-er, bör-ja-deh hon delta i kväll-sup-tog. De lek-te kurra-göm-ma, här-ma-deh fogg-lar, eller dan-sa-deh bara runt. 🐦 💃 Med tide-n väks-teh deras band. Folk troduh att Lily roa-deh sig själv, om-ed-ve-ten om hennes lek-full-a skug-gkam-rat. Från den dagen blev sol-ned-gång-en Lilys favo-ritt-id, för den var fyll-d med tyst-a skrat-t ohk skug-gi-ga spel. ■ 🎈

Fortsetzender Traum 🌙💭

Jede Nacht befand sich Alex im selben Traum: eine ruhige Wiese mit einer einzelnen, noch nicht geöffneten Schatztruhe. 🌸🔒 Jedes Mal näherte er sich ihr, aber er wachte auf, kurz bevor er sie öffnete. Nacht für Nacht wuchs seine Erwartung. Er skizzierte die Truhe, stellte sich ihren Inhalt vor und las sogar über Klarträumen. 📖✨ Eines Abends, erschöpft, flüsterte er in die Nacht: „Lass mich sehen, was drin ist." In dieser Traumnacht, als er sich der Truhe näherte, öffnete sie sich endlich. 🔑🎉 In ihrem Inneren waren nicht Gold oder Juwelen, sondern Erinnerungen: seine ersten Schritte, die Wiegenlieder seiner Mutter, das Lachen seines Vaters und mehr. Mit Tränen der Freude erwachte Alex und erkannte, dass einige Schätze nicht um Reichtum gehen, sondern um Momente. 📁

Fortsatt Dröm 🌙💭

Varje natt befann sig Alex i samma dröm: en lugn äng med en ensam, olåst skattkista. 🌼 🔒 Varje gång närmade han sig den, men skulle vakna precis innan han öppnade den. Natt efter natt, växte hans förväntan. Han skissade kistan, föreställde sig dess innehåll och läste till och med om klardrömmar. 📖✨ En kväll, utmattad, viskade han till natten, "Låt mig se vad som finns inuti." Den drömnatten, när han närmade sig kistan, låste den äntligen upp. 🔑🎉 Inuti fanns inte guld eller juveler, utan minnen: hans första steg, hans mors vaggvisor, hans fars skratt och mer. Vaknande med glädjetårar insåg Alex att vissa skatter handlar inte om rikedom, utan om stunder. 📔♥

Forts-at Dröm 🌙💭 (Aussprache)

War-yeh naht beh-fann zik Alex i sam-ma dröhm: en lugn äng med en en-sam, oh-låst shatt-kis-ta. 🌼 🔒 War-yeh gäng nähr-ma-de han zik den, men shool-de vak-na preh-zis in-nan han öp-na-de den. Naht efter naht, vëks-te hans för-wähn-tan. Han skiss-a-de kis-tan, föhr-eställ-de zik dess in-nehåll ohk läs-te till ohk med om klar-drömmar. 📖✨ En kväll, oot-mattad, vis-ka-de han till naht-ten, "Låt mih se vad som finns in-ooti." Den dröhm-naht-ten, när han nähr-ma-de sig kis-tan, lås-te den änt-lig-en oop. 🔑🎉 Inooti fanns in-te guld eller yu-vehl-er, oo-tan min-nen: hans första steg, hans mors vagg-vis-or, hans fars shraht ohk mehr. Vak-nan-de med gläd-yeh-tår-ar in-såg Alex att vis-sa shat-ter hand-lar in-te om rike-dom, oo-tan om stun-der. 📔♥

Verspäteter Brief ■▲

Auf ihrem Dachboden stolperte Mia über einen alten, staubigen Brief, der an ihre Großmutter adressiert war. Der Poststempel zeigte, dass er 50 Jahre überfällig war! ■● Vorsichtig öffnete sie ihn. Die zarte Handschrift offenbarte eine Beichte von einem heimlichen Verehrer, der seine tiefe Zuneigung ausdrückte und hoffte, ihre Großmutter beim Stadtfest zu treffen. ♥✿ Mia teilte die Entdeckung aufgeregt mit ihrer Großmutter, die vor Überraschung keuchte. Tränen füllten ihre Augen, als Erinnerungen an jenes Jahr zurückkehrten. ■💭 Obwohl sie den Brief nie rechtzeitig erhielt, hatte das Schicksal seinen Weg, und der Verehrer stellte sich als Mias Großvater heraus! Der Brief, obwohl verspätet, stand nun als süßes Zeugnis einer Liebesgeschichte, die trotzdem erblühte. ❦♥

Sen Brev ■🔔

På vinden snubblade Mia över ett gammalt, dammigt brev adresserat till hennes mormor. Poststämpeln visade att det var 50 år försenat! ■● Försiktigt öppnade hon det. Den fina handstilen avslöjade en bekännelse från en hemlig beundrare, som uttryckte sin djupa tillgivenhet och hoppades på att träffa henne vid stadens festival. ♥🎡 Mia delade ivrigt upptäckten med sin mormor, som flämtade av överraskning. Tårar fyllde hennes ögon när minnen från det året strömmade tillbaka. ■💭 Även om hon aldrig fick brevet i tid, hade ödet sin väg, och beundraren visade sig vara Mias morfar! Brevet, även om det var sent, stod nu som ett sött vittnesmål om en kärlekshistoria som blommade oavsett. 💐♥

Sen Brev ■🔔 (Aussprache)

"Poh vinn-den snub-blade Mia üh-ber ett gam-malt, dam-migt brehv adre-sserat till hennes mormor. Post-shtempeln vis-ade att det var 50 ohr föhr-seh-nat! ■● För-siktigt öp-na-de hon det. Den feena hand-stilen af-sloj-ade en beh-kän-nelse från en hem-lig beh-un-drare, som oot-trykte sin djoo-pa till-gi-ven-het ohk hop-pa-des på att trä-ffa henne vid sta-dens festi-val. ♥🎡 Mia de-la-de iv-rigt oop-täk-ten med sin mormor, som fläm-ta-de av överrask-ning. Tår-ar fyll-de hennes ögon när min-nen från det ohr-et strömmade till-baka. ■💭 Även om hon al-drig fick breh-vet i tid, ha-de öh-det sin vëg, ohk beh-un-draren vis-ade sig vara Mias mor-far! Breh-vet, äv-en om det var sent, stood nu som ett sööt vit-nes-mål om en kär-leks-histo-ria som blommade oav-set. 💐♥

Ehrlicher Kuchen

Zu Annas Geburtstag beschloss ihr jüngerer Bruder Sam, einen Kuchen zu backen. Da er noch nie zuvor gebacken hatte, folgte er einem Online-Rezept. Aber er verwechselte Zucker mit Salz! Als Anna einen Bissen nahm, verzog sie das Gesicht. Alle sahen zu und erwarteten eine höfliche Antwort. Aber stattdessen lachte sie: „Sam, das ist der salzigste Kuchen, den ich je hatte!" Sam wurde rot, lachte aber mit. Anstatt so zu tun, als ob nichts wäre, machten sie alle Witze über den 'Meerkuchen' und die Erinnerungen, die er schaffen würde. An diesem Tag verdarb Annas ehrliche Reaktion nicht die Party. Es machte sie unvergesslich und lehrte alle, dass es manchmal in Ordnung ist, kleine Unvollkommenheiten zu akzeptieren.

Ärlig Tårta 🍰💬

Till Annas födelsedag bestämde hennes yngre bror, Sam, sig för att baka en tårta. Eftersom han aldrig hade bakat förut, följde han ett recept online. Men han blandade ihop socker med salt! 🍰🧂 När Anna tog en tugga, grimaserade hon. Alla tittade på, förväntande en artig respons. Men istället skrattade hon, "Sam, det här är den saltaste tårtan jag någonsin ätit!" 🍰🎂 Sam rodnade men skrattade med. Istället för att låtsas skämtade de alla om den 'havstårta' och de minnen den skulle skapa. Den dagen förstörde inte Annas ärliga reaktion festen. Den gjorde den minnesvärd, och lärde alla att det ibland är okej att omfamna små brister. ✨🎈

Ärlig Tårta 🍰💬 (Aussprache)

Till An-nas foed-elsedag bestaem-de hennes yng-re bror, Sam, sig foer att ba-ka en taar-ta. Ef-tersom han ald-rig ha-de ba-kat foer-ut, foelj-de han ett re-cept on-line. Men han bland-a-de i-hop sock-er med salt! 🍰🧂 Naer Anna tog en tugga, gri-ma-se-ra-de hon. Al-la tit-ta-de paa, foer-vaen-tan-de en a-rtig re-spons. Men ista-el-let skrat-ta-de hon, "Sam, det haer aer den salt-aste taar-tan jag naa-gon-sin aet-it!" 🍰🎂 Sam rodn-a-de men skrat-ta-de med. Ist-a-el-let foer att laats-as skae-mta-de de al-la om den 'havs-taar-ta' och de min-nen den skul-le skap-a. Den da-gen foer-stoer-de in-te An-nas aer-li-ga re-ak-tion fest-en. Den gjor-de den min-nes-vaerd, och laer-de al-la att det ib-land aer o-kej att om-fam-na smaa bris-ter. ✨🎈

Magischer Buchladen 📚✨

Ella betrat an einem regnerischen Tag eine alte Buchhandlung. Drinnen war es warm, und die Wände waren mit alten Büchern gefüllt. 📖🌧️ Als sie mit ihren Fingern über ein merkwürdiges ledergebundenes Buch strich, begann es zu leuchten. Neugierig öffnete sie es und fand sich in einer lebhaften Geschichte von vor Jahrhunderten wieder! 👑⏳ In dieser Welt traf sie auf Ritter, Zauberer und mythische Kreaturen. Sie half sogar einer Prinzessin, ihre verlorene Krone zu finden! 👑✨ Als sie das Buch schloss, war Ella wieder in der Buchhandlung. Der freundliche Besitzer lächelte: "Ah, du hast unser Geheimnis entdeckt. Jedes Buch hier nimmt den Leser mit auf ein echtes Abenteuer." Ella verließ den Laden und erkannte, dass in Büchern wirklich Magie existierte.

Magisk Bokhandel 📖✨

Ella vandrade in i en gammal bokhandel en regnig dag. Inuti var det varmt, och väggarna var klädda med uråldriga böcker. 📖🌧️ När hon strök sina fingrar över en särskild läderinbunden bok, började den lysa. Nyfiket öppnade hon den och fann sig själv i en levande berättelse från århundraden tillbaka! 👑⏳ I denna värld mötte hon riddare, trollkarlar och mytiska varelser. Hon hjälpte till och med en prinsessa att hitta sin förlorade krona! 👑✨ När hon stängde boken var Ella tillbaka i bokhandeln. Den vänlige ägaren log, "Åh, du har upptäckt vår hemlighet. Varje bok här tar läsaren på ett riktigt äventyr." Ella lämnade butiken, insåg att i böcker fanns verkligen magi.

Magisk Bokhandel 📖✨ (Aussprache)

Ella vand-ra-de in i en gamm-al bok-hand-el en reg-nig dag. Inu-ti var det varmt, och vag-gar-na var kladd-a med ural-dri-ga bock-er. 📖🌧️ Nar hon strock si-na fingr-ar o-ver en sar-skild led-er-in-bund-en bok, bor-ja-de den ly-sa. Nyf-ik-et opp-na-de hon den och fann sig sjalv i en lev-and-e ber-at-tel-se fran ar-hund-rad-en till-ba-ka! 👑⏳ I den-na varld mot-te hon ridd-ar-e, troll-karl-ar och myt-isk-a va-rels-er. Hon hjalp-te till och med en prins-ess-a att hit-ta sin for-lor-a-de kro-na! 👑✨ Nar hon stang-de bok-en var Ella till-ba-ka i bok-hand-eln. Den van-lig-e ag-ar-en log, "Åh, du har upp-tackt var hem-lig-het. Var-je bok har tar las-ar-en på ett rikt-igt a-vent-yr." Ella lam-na-de butik-en, in-såg att i bock-er fanns verk-lig-en magi.

Schuhe der Sehnsucht 👠✨

Lana bewunderte immer die roten Schuhe, die im Vintage-Laden der Stadt ausgestellt waren. Eines Tages beschloss sie endlich, sie zu kaufen. Als sie sie anzog, spürte sie einen unerklärlichen Schub. 👀❤️ Jeder Schritt schien einen kleinen Wunsch zu erfüllen. Sie tanzte mit einem Straßenkünstler, erhielt einen Überraschungsstrauß und fand sogar einen alten Freund wieder, den sie aus den Augen verloren hatte! 💐🏃 Als sie die Schuhe auszog, erkannte Lana, dass es keine gewöhnlichen Schuhe waren. Sie waren mit der Magie durchtränkt, die kleinen Wünsche des Trägers wahr werden zu lassen. Dankbar trug sie sie an Tagen, an denen sie kleine Freuden brauchte, und schätzte stets die Magie der Schuhe der Sehnsucht. ✨🎈

Desires Skor 👠✨

Lana beundrade alltid de röda skorna som visades i stadens vintagebutik. En dag bestämde hon sig äntligen för att köpa dem. När hon satte på dem kände hon en oförklarlig rusning. 👀💜 Varje steg verkade uppfylla en liten önskan. Hon dansade med en gatuperformare, fick en överraskningsbukett och träffade till och med en gammal vän hon tappat kontakten med! 💐🏃 När hon tog av sig skorna insåg Lana att de inte bara var vanliga skor. De var fyllda med magin att få bärarens små önskningar att bli sanna. Tacksam bar hon dem de dagar hon behövde små glädjeämnen, och skattade alltid Desires Skors magi. ✨🎈

Desires Skor 👠✨ (Aussprache)

Lana beund-ra-de all-tid de roe-da skor-na som vis-a-des i sta-dens vin-ta-ge-bu-tik. En dag bestaem-de hon sig aent-ligen foer att koe-pa dem. Naer hon sat-te på dem kaen-de hon en ofoer-kla-ri-g rus-ning. 👀💜 Var-je steg verk-a-de upp-fyl-la en lit-en oensk-an. Hon dans-a-de med en ga-tu-per-for-ma-re, fick en oe-verrask-nings-buk-ett och traef-fa-de till och med en gamm-al vaen hon tap-pat kon-tak-ten med! 💐🏃 Naer hon tog av sig skor-na insaag Lana att de in-te ba-ra var van-liga skor. De var fyll-da med ma-gin att få baer-a-rens smaa oensk-nin-gar att bli sann-a. Tacks-am bar hon dem de da-gar hon be-hoev-de smaa glaed-je-aem-nen, och skatt-a-de all-tid Desi-res Skors ma-gi. ✨🎈

Erinnerungsspielzeug 🧸💭

Als Kind hatte Sam einen geliebten Teddybären namens Herr Kuschel. Die Jahre vergingen, und Sam entwuchs seinen Spielzeugen, aber er behielt Herr Kuschel immer sicher auf einem Regal. Eines Tages, in nostalgischer Stimmung, nahm er den Bären und drückte ihn fest an sich. 🌀✨ Plötzlich kehrten lebendige Erinnerungen zurück: der Tag, an dem er Herr Kuschel zu seinem fünften Geburtstag bekam, die Nächte, in denen er sich während Stürmen an ihn klammerte, und das Mal, als er sein zerrissenes Ohr flickte. Jede Berührung brachte eine andere Erinnerung. Sam erkannte, dass dieses Spielzeug nicht nur aus Stoff bestand; es war ein greifbares Stück seiner Vergangenheit, das Momente der Liebe, Freude und des Trostes aus seiner Jugend speicherte.

Minnesleksak 🧸💭

Som barn hade Sam en älskad nallebjörn som hette Mr. Cuddles. Åren gick, och Sam växte ifrån sina leksaker, men han höll alltid Mr. Cuddles säker på en hylla. En dag, känslomässigt påverkad av nostalgi, plockade han upp björnen och gav den en kram. 🌀✨ Plötsligt kom klara minnen tillbaka: den dag han fick Mr. Cuddles på sin femte födelsedag, de nätter han hade hållit fast vid den under stormar, och den gången han hade lagat dess sönderrivna öra. Varje beröring förde med sig ett annat minne. Sam insåg att denna leksak inte bara var stoppad tyg; det var en påtaglig del av hans förflutna, som lagrade stunder av kärlek, glädje och tröst från hans yngre dagar.

Minnesleksak 🧸💭 (Aussprache)

Som barn had-e Sam en als-kad nal-le-byorn som het-te Mr. Cuddles. Oo-ren gick, och Sam vek-ste ifran si-na lek-sa-ker, men han holl all-tid Mr. Cuddles sek-er pa en hylla. En dag, kans-lo-mess-igt pav-erk-ad av nos-tal-gee, plock-ad-e han upp byorn-en och gav den en kram. 🌀✨ Plots-ligt kom kla-ra min-nen till-ba-ka: den dag han fick Mr. Cuddles pa sin fem-te fod-el-se-dag, de nat-er han had-e holl-it fast vid den un-der storm-ar, och den gang-en han had-e lag-at dess sond-er-riv-na oora. Var-yeh be-ror-ing ford-e med sig ett an-nat min-ne. Sam in-sog att den-na lek-sak int-e bara var stop-pad tyg; det var en pat-ag-lig del av hans for-flut-na, som lag-rad-e stund-er av kar-lek, glad-yeh och trost fran hans yung-re dag-ar.

Jugendlicher Spiegel 🌸❀

In einem Antiquitätengeschäft stolperte Alice über einen wunderschönen verzierten Spiegel. Der Ladenbesitzer erzählte ihr, dass er der 'Jugendliche Spiegel' sei. Neugierig blickte Alice hinein und sah ihr jüngeres Selbst mit geflochtenen Haaren und Sommersprossen, das zurückkicherte. ●✨ Jedes Mal, wenn sie hineinschaute, wurde sie von einem anderen Alter begrüßt. Einmal war sie ein Teenager mit ihrem ersten Schminkmalheur; ein anderes Mal war sie ein Kind, das in Regenpfützen spielte. Der Spiegel spiegelte nicht nur wider; er transportierte sie zu vergangenen goldenen Tagen. Er erinnerte Alice daran, dass, obwohl die Jahre vergehen, der freudige, unschuldige Geist ihrer Jugend immer in ihr verblieb, bereit, sich zu erinnern und zu feiern.

Ungdomsspegeln 🪞🌼

I en antikaffär snubblade Alice över en vacker utsmyckad spegel. Butiksägaren berättade för henne att den kallades 'Ungdomsspegeln'. Nyfiken tittade Alice i den och såg sitt yngre jag, med flätat hår och fräknar, skrattande tillbaka. 🪞✨ Varje gång hon tittade in, möttes hon av en annan ålder. En gång var hon en tonåring med sitt första sminkmissöde; en annan gång var hon ett barn som lekte i regnpölar. Spegeln reflekterade inte bara; den förde henne tillbaka till svunna gyllene dagar. Den påminde Alice om att även om åren går, finns den glada, oskyldiga andan från hennes ungdom alltid inom henne, redo att minnas och firas. 🎉❤️

Ungdomsspegeln 🪞🌼 (Aussprache)

I en antik-affar snub-blad-e Alice over en vak-ker uts-myck-ad spe-gel. Butiks-ag-aren berat-tad-e for hen-ne att den kal-lad-es 'Ung-dom-speg-el-n'. Ny-fi-ken titt-ad-e Alice i den och sag sitt yung-re yag, med flat-at har och frek-nar, skrat-tand-e till-ba-ka. 🪞✨ Var-yeh gang hon titt-ad-e in, mot-tes hon av en an-nan old-er. En gang var hon en ton-oring med sitt for-sta smink-mis-so-de; en an-nan gang var hon ett barn som lek-te i regn-pool-ar. Spe-geln reflek-ter-ad-e int-e bara; den ford-e hen-ne till-ba-ka till svun-na gyl-lene dag-ar. Den pam-ind-e Alice om att av-en om oor-en gar, finns den glad-a, oskyl-dig-a and-an fran hen-nes ung-dom all-tid in-om hen-ne, red-o att min-nas och fir-as. 🎉❤️

Leitender Leuchtturm 🐎🔑

Lucy besuchte oft den alten Leuchtturm, der hoch und stolz am Rande der Klippe stand. Eines Abends, während die Wellen unten brachen 🐎, kletterte sie zu seiner Spitze. Als sie sein altes Licht einschaltete, durchbrach ein Strahl die Dunkelheit und reichte weit ins Meer. Während das Licht wirbelte, tanzten Bilder in dem Strahl: Schiffe aus vergangenen Zeiten, winkende Matrosen und springende Wale 🐋✨. Lucy erkannte, dass der Leuchtturm nicht nur Schiffe leitete; er hielt Erinnerungen an jedes Schiff, das er jemals sicher an Land geführt hatte. Er war ein Leuchtfeuer der Hoffnung, Geschichten und zeitlosen Schutzes.

Guidande Fyr 🌑🔦

Lucy besökte ofta den gamla fyren, som stod ståtlig och stolt vid klippans kant. En kväll, när vågorna kraschade nedanför 🌑, klättrade hon till dess topp. När hon tände dess gamla ljus skar en ljusstråle genom mörkret, och nådde långt ut i havet. När ljuset virvlade dansade bilder i strålen: skepp från svunna tider, sjömän som vinkade och valar som hoppade 🐋✨. Lucy insåg att fyren inte bara guidade skepp; den höll minnen av varje fartyg den någonsin hade lett säkert till stranden. Den var ett hoppets ljus, historier och tidlöst skydd.

Guidande Fyr 🌑🔦 (Aussprache)

Lucy besok-te of-ta den gam-la fyren, som stod stat-lig och stolt vid klip-pans kant. En kvall, nar vag-or-na krasch-ad-e ned-an-for 🌑, klat-trad-e hon till dess topp. Nar hon tand-e dess gam-la ljus skar en ljus-stral-e genom mork-ret, och nad-de lang-t ut i hav-et. Nar ljus-et virv-lad-e dans-ad-e bild-er i stral-en: skepp fran svun-na tid-er, sjom-an som vink-ad-e och val-ar som hopp-ad-e 🐋✨. Lucy in-sog att fyren int-e bara guid-ad-e skepp; den holl min-nen av var-yeh fartyg den nagon-sin had-e lett sek-ert till strand-en. Den var ett hop-pets ljus, histo-rier och tid-lost skyd-d.

Ewiger Regen 🏴‍☠️🌧️

In der Stadt Riverville regnete es ununterbrochen. Während Besucher es seltsam fanden 🏴‍☠️●, schätzten die Einheimischen ihren ewigen Regen. Wenn Tropfen sie berührten, spielten Erinnerungen: ein Mutterlied, ein erster Kuss oder ein Kindheitsfreund. 🎵🏰🟫 Der Regen hielt die kollektiven Erinnerungen der Stadt fest, sodass sie immer frisch blieben. Kinder spielten in der Hoffnung, einen Blick auf die jungen Tage ihrer Eltern zu werfen, während ältere Menschen die Tropfen spürten, um ihre kostbaren Momente erneut zu erleben. Der ewige Regen war kein Fluch; es war Rivilles magische Art, sein reiches Lebens- und Liebestapezierwerk zu feiern. ✨🌧️❤️

Evigt Regn ☂️🌧️

I staden Riverville regnade det oavbrutet. Medan besökare tyckte det var konstigt ☂️●, värderade lokalbefolkningen sitt eviga regn. När dropparna rörde vid dem, spelade minnen upp: en mors vaggvisa, en första kyss, eller en barndomsvän. 🎵🧠 Regnet höll stadens gemensamma minnen, och bevarade dem för evigt fräscha. Barn lekte i hopp om att få en glimt av sina föräldrars yngre dagar, medan äldre kände dropparna för att återuppleva sina dyrbara ögonblick. Det eviga regnet var ingen förbannelse; det var Rivervilles magiska sätt att hylla sitt rika liv och kärlek. ✨🌧️❤️

Evigt Regn ☂️🌧️ (Aussprache)

I staden Riv-er-ville reg-nad-e det oav-bru-tet. Med-an besok-are tyck-te det var kon-stigt ☂️●, vard-er-ad-e lok-al-befolk-ning-en sitt ev-iga regn. Nar drop-par-na rord-e vid dem, spel-ad-e min-nen upp: en mors vagg-vis-a, en for-sta kyss, el-ler en barnd-oms-van. 🎵🧠 Regn-et holl stad-ens ge-men-sam-ma min-nen, och bevar-ad-e dem for ev-igt frasch-a. Barn lek-te i hopp om att fa en glimt av si-na for-al-drars yung-re dag-ar, med-an aldr-e kand-e drop-par-na for att ater-upp-lev-a si-na dyrb-ara ogon-blick. Det ev-iga regn-et var in-gen for-bann-el-se; det var Riv-er-villes mag-is-ka sat-t att hyll-a sitt rik-a liv och kar-lek. ✨🌧️❤️

Flüsternde Bücher 📚

In einer versteckten Gasse befand sich eine alte Buchhandlung. Beim Betreten konnte man leise Flüstern hören. Die Quelle? Die Bücher selbst. Jeder Band hatte seine eigene Stimme, und sie plauderten, stritten und lachten 💬. Für den neugierigen Leser wie Liam boten diese Flüstern Hinweise auf ihren Inhalt. Ein Liebesroman seufzte vor Sehnsucht 💔, während eine Abenteuergeschichte mit Versprechen von gewagten Eskapaden lockte ⚔️. Aber mehr noch, sie flüsterten Geheimnisse von vergessenen Autoren, verlorenen Geschichten und verborgenen Wahrheiten. Den Laden zu besuchen bedeutete, von einem Chor von Geschichten umgeben zu sein, die darauf warteten, entdeckt zu werden.

Viskande Böcker

I en dold gränd fanns en gammal bokhandel. När man gick in kunde man höra svaga viskningar. Källan? Böckerna själva. Varje volym hade sin egen röst, och de pratade, grälade och skrattade . För den nyfikne läsaren som Liam, gav dessa viskningar ledtrådar om deras innehåll. En kärleksroman suckade av längtan , medan ett äventyrsberättelse lockade med löften om vågade eskapader . Men mer än så, de viskade hemligheter om glömda författare, förlorade berättelser och dolda sanningar. Att besöka butiken var att omges av en kör av berättelser, som väntade på att upptäckas.

Viskande Böcker (Aussprache)

I en dold grand fanns en gam-mal bok-hand-el. Nar man gick in kund-e man hora svag-a visk-ning-ar. Kall-an? Bock-er-na sjal-va. Var-yeh vol-ym had-e sin egen rost, och de prat-ad-e, gral-ad-e och skrat-tad-e . For den ny-fik-ne las-aren som Liam, gav des-sa visk-ning-ar led-trad-ar om der-as in-nehall. En kar-leks-roman suck-ad-e av lang-tan , med-an ett avent-yrs-berat-tel-se lock-ad-e med lof-ten om vag-ad-e esk-ap-ad-er . Men mer an sa, de visk-ad-e hem-lig-het-er om glom-da for-fat-tare, for-lor-ade berat-tel-ser och dold-a san-ning-ar. Att besok-a bu-tik-en var att om-ges av en kor av berat-tel-ser, som vant-ad-e pa att upp-tack-as.

Jahrhundertfest 🎪 🎉

Alle 100 Jahre veranstaltete die Stadt ein großes Fest. Es war keine gewöhnliche Feier; es war ein Tanz der Zeit selbst ⏰💃. Dekorationen aus jeder Ära schmückten die Straßen, von mittelalterlichen Bannern bis zu futuristischen Lichtern 🏰💡. Essensstände boten alte Rezepte neben modernen Delikatessen an 🍗🍱. Die Menschen kleideten sich in einer Mischung aus Alt und Neu und tanzten zu Melodien aus jeder Epoche 🎵. Für die junge Ava war es eine Chance, ihre Vorfahren zu treffen. Durch spezielle Rituale würden Geister aus der Vergangenheit an den Festlichkeiten teilnehmen 👻🕊️. Das Jahrhundertfest war eine Brücke über die Zeit, eine Erinnerung daran, dass in Freude und Feier jede Ära, ob vergangen oder zukünftig, ewig verbunden ist.

Århundradets Festival 🎪🎉

Varje 100 år anordnade staden en stor festival. Det var ingen vanlig fest; det var en dans av tiden själv 🔔🧚. Dekorationer från varje era smyckade gatorna, från medeltida baner till framtidens ljus 👑⬛. Matstånd serverade gamla recept bredvid moderna delikatesser 🥟⬛. Folk klädde sig i en blandning av gammalt och nytt, och dansade till melodier från varje ålder 🎵. För unga Ava var det en chans att träffa sina förfäder. Genom speciella ritualer skulle andar från det förflutna delta i festligheterna 👻🦃. Århundradets Festival var en bro över tid, en påminnelse om att i glädje och festlighet är varje era, förfluten eller framtid, evigt förbunden.

Århundradets Festival 🎪🎉 (Aussprache)

Var-yeh 100 ar an-ord-nad-e staden en stor fes-ti-val. Det var in-gen van-lig fest; det var en dans av tid-en sjalv 🔔🧚. Dek-or-at-ion-er fran var-yeh era smyck-ad-e gat-or-na, fran med-el-tid-a ban-er till fram-tid-ens ljus 👑⬛. Mat-stand serv-er-ad-e gam-la re-cept bred-vid mod-er-na del-ik-at-ess-er 🥟⬛. Folk klad-de sig i en bland-ning av gam-malt och nytt, och dans-ad-e till mel-od-ier fran var-yeh alder 🎵. For unga Ava var det en chans att traff-a si-na for-fad-er. Gen-om spe-ciel-la rit-u-al-er skul-le and-ar fran det for-flut-na delt-a i fest-lig-het-er-na 👻🦃. Arhund-rad-ets Fes-ti-val var en bro over tid, en pam-inn-el-se om att i glad-je och fest-lig-het ar var-yeh era, for-flut-en el-ler fram-tid, ev-igt forbund-en.

Wechselndes Gemälde 🎨🖼

In einem stillen Raum des Stadtmuseums hing ein geheimnisvolles Gemälde. Für den flüchtigen Betrachter zeigte es eine ruhige Landschaft. Doch die lokale Legende besagte, dass es sich täglich veränderte. An einem Tag gab es Gänseblümchen im Wiesengrund ✿; am nächsten Sonnenblumen ✿. Und es waren nicht nur die Blumen. Bäume, Tiere, sogar das Wetter verwandelten sich subtil 🐛🦋. Nur diejenigen, die wirklich hinsahen, konnten die Unterschiede erkennen. Für Elise, eine häufige Besucherin, wurde das Gemälde zu einem täglichen Tagebuch. Jeder Pinselstrich trug Gefühl in sich und spiegelte die Stimmung der Stadt wider. Die ständig wechselnde Leinwand war mehr als Kunst; sie war der lebendige Herzschlag der Gemeinschaft.

Skiftande Målning 🎨⬛

I ett tyst rum av stadsmuseet hängde en mystisk målning. För den tillfälliga betraktaren skildrade den ett stilla landskap. Men lokal legend sa att den förändrades dagligen. En dag hade ängen prästkragar 🌼; nästa dag, solrosor 🌻. Och det var inte bara blommor. Träd, djur, till och med väder förvandlades subtilt 🐝 🦋. Endast de som verkligen observerade kunde se skillnaderna. För Elise, en frekvent besökare, blev målningen en daglig dagbok. Varje penseldrag höll känsla, speglande stadens stämning. Den ständigt skiftande duken var mer än konst; den var ett levande hjärtslag av gemenskapen.

Skiftande Målning 🎨⬛ (Aussprache)

I ett tyst rum av stads-mu-se-et hang-de en mys-tisk mal-ning. For den till-fall-iga be-trakt-aren skild-rad-e den ett stil-la lands-kap. Men lok-al leg-end sa att den for-andr-ad-es dag-lig-en. En dag had-e ang-en prast-krag-ar 🌼; nasta dag, sol-ros-or 🌻. Och det var in-te bara blom-mor. Trad, djur, till och med vad-er for-vandl-ad-es sub-tillt 🐝 🦋. End-ast de som verk-lig-en ob-serv-er-ad-e kund-e se skill-nad-er-na. For Elise, en fre-kvent besok-are, blev mal-ning-en en dag-lig dag-bok. Var-yeh pensel-drag holl kans-la, speg-land-e stad-ens stam-ning. Den stand-igt skift-and-e duk-en var mer an konst; den var ett lev-and-e hjart-slag av ge-men-skap-en.

Tatblumen 🌷 ▬

Jeden Frühling blühte ein einzigartiger Garten auf dem Marktplatz der Stadt. Anstelle von Samen pflanzten die Bewohner Taten – Akte der Freundlichkeit, Liebe und Tapferkeit. Ein gerettetes Kätzchen 🐱 führte zu strahlenden Tulpen, während geheilte Freundschaften in Rosen erblühten 🌹. Die junge Mia erfuhr, dass jede Tatblume Macht besaß; ein Duft konnte die Emotionen hinter der Tat hervorrufen 💭💕. Es wurde zur Tradition, Tatblumen zu verschenken und Liebe und Erinnerungen weiterzugeben. Der Garten war nicht nur Flora; er war ein Gewebe von Geschichten, jede Blüte repräsentierte das kollektive Herz der Stadt.

Gärning Blommor 🌷 ⬛

Varje vår blommade en unik trädgård i stadstorget. Istället för frön planterade invånarna gärningar – handlingar av vänlighet, kärlek och mod. En räddad kattunge 🐱 ledde till strålande tulpaner, medan lagade vänskaper blommade ut i rosor 🌹. Unga Mia lärde sig att varje gärningsblomma hade kraft; ett doftande kunde framkalla känslorna bakom handlingen 🫖💕. Det blev en tradition att ge bort gärningsblommor, att förmedla kärlek och minnen. Trädgården var inte bara flora; den var ett vävt av berättelser, varje blomning representerade stadens samlade hjärta.

Gärning Blommor 🌷 ⬛ (Aussprache)

Var-yeh var blomm-ad-e en un-ik trad-gard i stads-torg-et. Is-tal-let for fron plant-er-ad-e in-van-ar-na garning-ar – handl-ing-ar av van-lig-het, kar-lek och mod. En radd-ad katt-ung-e 🐱 led-de till stra-land-e tul-pan-er, med-an lag-ad-e vansk-ap-er blomm-ad-e ut i ros-or 🌹. Ung-a Mia lard-e sig att var-yeh garnings-blomm-a had-e kraft; ett doft-and-e kund-e fram-kall-a kans-lor-na bak-om handl-ing-en 🫖💕. Det blev en tra-di-tion att ge bort garnings-blomm-or, att for-med-la kar-lek och min-nen. Trad-gard-en var in-te bara flor-a; den var ett vovt av beratt-el-ser, var-yeh blomm-ing rep-resent-er-ad-e stad-ens saml-ad-e hjart-a.

Erinnerungsmarkt 🛍️🔍

Jeden Sonntag erschien ein besonderer Markt. Aber anstatt von Waren wurden Erinnerungen gehandelt. An den Ständen wurden erste Lacher, geschätzte Momente, sogar vergessene Fähigkeiten ausgestellt 🎻🩰. Lucy, auf der Suche nach einer verlorenen Kindheitserinnerung, schlenderte durch. Sie entdeckte, dass Erinnerungen durch das Halten besonderer Token wiedererlebt werden konnten 🪶💬. In einer Ecke fand sie ein Spielzeug aus ihrer Vergangenheit. Als sie es ergriff, überkamen sie Wellen der Nostalgie – der Duft von den Keksen ihrer Großmutter, das Geräusch von Gutenachtgeschichten ⚫📖. Auf dem Erinnerungsmarkt konnte die Zeit zurückgedreht werden, sodass das Herz Momente aus der Vergangenheit erneut besuchen konnte.

Minnesmarknad 🛍️🔍

Varje söndag dök en speciell marknad upp. Men istället för varor handlades minnen. Bås visade första skratt, dyrbara stunder, till och med glömda färdigheter 🎻💃. Lucy, som letade efter ett förlorat barndomsminne, vandrade igenom. Hon upptäckte att minnen kunde återupplevas genom att hålla speciella föremål 🪶👤. I ett hörn hittade hon en leksak från sitt förflutna. När hon greppade den sköljdes hon över av nostalgi – doften av hennes mormors kakor, ljudet av godnattsagor ⚫📖. På Minnesmarknaden kunde tiden spolas tillbaka, vilket tillät hjärtat att återbesöka länge sedan förflutna stunder.

Minnesmarknad 🛍️🔍 (Aussprache)

Var-yeh sond-ag dok en spe-siell mark-nad upp. Men is-tal-let for var-or handl-ad-es min-nen. Bos vis-ad-e for-sta skrat-t, dyr-bar-a stund-er, till och med glom-da fardi-ghet-er 🎻💃. Lu-cy, som let-ad-e efter ett for-lor-at barn-doms-min-ne, vand-rade igen-om. Hon upp-teck-te att min-nen kund-e ater-upp-lev-as genom att hall-a spe-siell-a for-em-al 🪶👤. I ett horn hit-tad-e hon en lek-sak fran sitt for-flut-na. Nar hon grep-pad-e den skolj-des hon over av nostal-gi – doft-en av hennes morm-ors kak-or, ljud-et av god-natt-sag-or ⚫📖. Pa Minnes-mark-nad-en kund-e tid-en spol-as till-bak-a, vilk-et till-at hjart-at att ater-besok-a lang-e sen-den for-flut-na stund-er.

Schlafzimmer 🛏️ 💤

In einer malerischen Herberge gab es ein besonderes Zimmer, über das die Gäste flüsterten – das Schlafzimmer. Innen versprach das Bett, drapiert mit samtigen Decken, den erholsamsten Schlaf 🛏️✨. Wenn sie sich hinlegten, fanden sich Träumer in den liebsten Träumen oder Erinnerungen wieder. Einige besuchten ihre erste Liebe wieder 👣, während andere als Vögel über Landschaften flogen 🦅. Am nächsten Morgen erwachten die Gäste tief erholt. Der Gastwirt hütete das Geheimnis des Zimmers: einen magischen Traumfänger, der neben dem Bett hing und seinen Bewohnern herzerwärmende Träume sammelte und schenkte.

Sovrummet 🛏️ 🍎

På ett pittoreskt värdshus fanns det ett speciellt rum som gästerna viskade om – Sovrummet. Inuti, sängen, draperad med sammetslena filtar, lovade den mest vilsamma sömnen 🛏️✨. När de lade sig fann drömmarna sig i de mest älskade drömmarna eller minnena. Vissa återbesökte första kärlekar 👣, medan andra svävade över landskap som fåglar 🦅. Nästa morgon vaknade gästerna, kände sig djupt återställda. Värdshusvärden bevakade rummets hemlighet: en magisk drömfångare som hängde vid sängen, samlade och skänkte hjärtvärmande drömmar till dess invånare.

Sovrummet 🛏️ 🍎 (Aussprache)

Pa ett pitto-reskt verd-shus fanns det ett spe-siellt rum som gast-er-na visk-ad-e om – Sov-rum-met. In-uti, sang-en, drap-er-ad med sam-mets-len-a fil-tar, lov-ad-e den mest vils-am-ma somn-en 🛏️✨. Nar de lad-e sig fann drom-marna sig i de mest als-kad-e drom-marna eller min-nen-a. Vis-sa ater-besok-te for-sta kar-lek-ar 👣, med-an andra svav-ad-e over lands-kap som fogl-ar 🦅. Nex-ta morg-on vak-nad-e gast-er-na, kend-e sig djupt ater-stall-da. Verd-shus-verd-en bev-ak-ad-e rum-mets hem-lig-het: en mag-isk drom-fang-are som hang-de vid sang-en, saml-ad-e och skank-te hjart-varm-and-e drom-mar till dess in-van-are.

Bewegte Statue 🗿 🌿

Der Stadtpark hatte eine Statue, die für ihre mythische Legende bekannt war. Bei Dämmerung wurde gesagt, dass die Statue lebendig werden würde. Eines Abends bemerkte Lily, dass die Statue nicht ihre übliche Rose hielt 🌹. Stattdessen hatte sie eine frische Margerite 🌼. Jede Nacht fand sie eine neue Blume in ihrer Hand. Aus Neugier beschloss sie, aus der Ferne zuzusehen. Bei Einbruch der Dämmerung sah sie die Statue sich anmutig bewegen und jede Nacht eine andere Blume pflücken. Erstaunt erkannte Lily, dass es ein Wächtergeist war, der die Gaben der Natur feierte.

Rörlig Staty 🪦 🌿

Stadsparken hade en staty känd för sin mytiska legend. Vid skymning sades det att statyn skulle komma till liv. En kväll märkte Lily att statyn inte höll sin vanliga ros 🌹. Istället hade den en färsk prästkrage 🌼. Varje natt skulle hon hitta en ny blomma i dess grepp. Nyfikenheten väckt, bestämde hon sig för att titta på avstånd. När skymningen satte in, såg hon statyn röra sig graciöst, plocka en annan blomma varje natt. Förundrad insåg Lily att det var en väktarande, som firade naturens gåvor.

Rörlig Staty 🪦 🌿 (Aussprache)

Stads-park-en had-e en stat-y kend for sin mit-iska leg-end. Vid skym-ning sad-es det att stat-yn skull-e kom-ma till liv. En kvall mark-te Lily att stat-yn int-e holl sin van-liga ros 🌹. Is-tall-et had-e den en farsk prast-krag-e 🌼. Var-je natt skull-e hon hin-na en ny blom-ma i dess grepp. Ny-fi-ken-het-en vak-t, best-amd-e hon sig for att tit-ta pa av-stond. Nar skym-ning-en sat-te in, sag hon stat-yn ror-a sig gra-siost, plock-a en ann-an blom-ma var-je natt. For-undr-ad ins-ag Lily att det var en vakt-aran-de, som fir-ad-e nat-ur-ens gav-or.

Erinnerungszug 🚂⬛

Der Bahnhof am Stadtrand hatte einen rätselhaften Zug. Er hatte kein festes Ziel, wurde aber als der Erinnerungszug bekannt. Fahrgäste stiegen ein und fanden Sitze mit persönlichen Gegenständen aus ihrer Vergangenheit 🧸⬛. Während der Zug fuhr, verwandelten sich die Szenen draußen in bedeutende Momente ihres Lebens: alte Häuser, Schulen, Lieblingsorte. Im Wagen spielte leise Musik und weckte tiefe Gefühle 🎵♥. Die Reise war kurz, aber am Ende stiegen die Fahrgäste mit einer erneuerten Wertschätzung für einst vergessene Erinnerungen aus.

Minnes Tåg 🚂⬛

Tågstationen vid stadens kant hade ett gåtfullt tåg. Det hade ingen fast destination men var känt som Minneståget. Passagerare gick ombord och hittade säten med personliga saker från deras förflutna 🧸⬛. När tåget reste sig, förvandlades yttre scener till betydelsefulla ögonblick i deras liv: gamla hem, skolor, favoritplatser. Inuti vagnen spelade mjuk musik, vilket framkallade djupa känslor 🎶♥. Resan var kort, men vid slutet steg passagerarna av med en förnyad uppskattning för minnen som en gång glömts bort.

Minnes Tåg 🚂⬛ (Aussprache)

Tag-station-en vid stad-ens kant had-e ett got-full-t tag. Det had-e ingen fast desti-nation men var kant som Minn-es-tag-et. Passa-gerar-e gick om-bord och hit-tad-e sat-en med person-liga sak-er fran deras for-flut-na 🧸⬛. Nar tag-et rest-e sig, for-vandl-ad-es ytt-re scen-er till betyd-else-full-a ogon-blick i deras liv: gamla hem, skol-or, favor-it-plat-ser. In-uti vagn-en spel-ad-e mjuk mus-ik, vil-ket fram-kall-ad-e djup-a kan-sl-or 🎶♥. Res-an var kort, men vid slut-et steg passa-gerar-na av med en for-ny-ad uppskattn-ing for minn-en som en gang glomts bort.

Zukunftskamera 📷

In einem alten Trödelladen stolperte Jake über eine merkwürdige Kamera. Anders als die anderen zeigten ihre Fotos nicht den gegenwärtigen Moment, sondern gaben Einblicke in die Zukunft ■✨. Anfangs erfasste er alltägliche Ereignisse: ein reifer Apfel, der fällt, ein herannahendes Gewitter. Aber bald erkannte er das Potential der Kamera. Er machte ein Foto von seiner betagten Nachbarin und sah sie freudig mit ihrem lange verlorenen Sohn tanzen 🕺💃. Mit diesen Erkenntnissen beschloss Jake, kleine Gesten zu machen, um den Menschen zu helfen, diese glücklichen Zukünfte zu erreichen.

Framtidskamera 📷💡

I en gammal secondhandbutik snubblade Jake på en särskild kamera. Till skillnad från andra, var dess foton inte från nuet utan visade glimtar av framtiden 📷✨. Först fångade han vardagliga händelser: ett moget äpple som faller, en regnstorm som närmar sig. Men snart insåg han kamerans potential. Han knäppte ett foto av sin äldre granne och såg henne dansa glatt med sin sedan länge förlorade son 🕺💃. Med dessa insikter bestämde Jake sig för att göra små gester för att hjälpa människor att uppnå dessa lyckliga framtidsscener.

Framtidskamera 📷💡 (Aussprache)

I en gamm-al second-hand-butik snubb-lad-e Jake pa en sarsk-ild kamera. Till skill-nad fran andra, var dess foto-n inte fran nu-et utan vis-ad-e glimt-ar av fram-tid-en 📷✨. Forst fang-ad-e han vardag-liga hand-el-ser: ett mop-et app-le som fall-er, en regn-storm som nar-mar sig. Men snart insag han kamera-ns potential. Han knappt-e ett foto av sin aldr-e gran-ne och sag hen-na dans-a glatt med sin sedan länge forlor-ad-e son 🕺💃. Med dessa insikt-er bestam-de Jake sig for att gora sma gest-er for att hjalp-a mann-isk-or att upp-na dessa lyck-liga fram-tids-scen-er.

Singender Baum 🌳🎶

Tief im Wald verborgen stand ein Baum, der sich von allen anderen unterschied. Wenn der Wind wehte, rauschte der Baum nicht wie gewohnt, sondern sang wunderschöne Melodien 🎵🎶. Die Lieder waren Geschichten aus alten Zeiten, Abenteuer und unerwiderte Liebe. Diejenigen, die zuhörten, fühlten eine tiefe Verbindung zur Vergangenheit. Ein kleines Mädchen namens Mia, mit einer Liebe für Geschichten, saß oft unter seinen Zweigen und ließ sich von der Musik inspirieren. Sie teilte die Erzählungen mit ihrem Dorf und hielt die Geschichte durch das harmonische Flüstern des Baumes am Leben.

Sjungande Träd 🌳🎶

Djupt inne i skogen fanns ett träd som inte liknade något annat. När vinden blåste, istället för det vanliga prasslandet, sjöng trädet vackra melodier 🎵 𝄞. Sångerna var berättelser från forna tider, äventyr och obesvarad kärlek. De som lyssnade kände en djup koppling till det förflutna. En liten flicka vid namn Mia, med en kärlek till berättelser, satt ofta under dess grenar, låt musiken inspirera henne. Hon delade berättelserna med sin stad, hållande historien levande genom trädet harmoniska viskningar.

Sjungande Träd 🌳🎶 (Aussprache)

Djupt inn-e i sko-gen fanns ett träd som int-e likn-ad-e något ann-at. Nar vind-en blåst-e, istall-et for det vanliga prass-land-et, sjong trädet vackra melodi-er 🎵 𝄞. Sang-erna var beratt-el-ser fran forna tid-er, aventyr och obesvar-ad karlek. De som lyssn-ad-e kand-e en djup koppl-ing till det forflutna. En liten flick-a vid nam-n Mia, med en karlek till beratt-el-ser, satt oft-a under dess gren-ar, lat musik-en inspirera hen-na. Hon del-ade beratt-el-ser-na med sin stad, hall-ande histori-en lev-ande genom trädet harmoniska viskning-ar.

Sonnenuntergangstür ■ ■

Am Rand der Klippe stand eine verzierte Tür. Jeden Abend, wenn die Sonne unterging, würde sie schimmern und leuchten ✺✦. Diejenigen, die mutig genug waren, sie zu öffnen, befanden sich in einem Reich, in dem die Welt immer im sanften Umarmung der Dämmerung war. Die Zeit verlief langsamer und Frieden umhüllte das Herz. Sarah, die Trost in ihrem hektischen Leben suchte, trat eines Abends ein. Sie fand einen Ort der Reflexion, traf verwandte Seelen und entdeckte ihre Leidenschaft für das Malen 🎨 wieder. Mit jedem Besuch brachte sie ein Stück der Ruhe, die sie jenseits der Sonnenuntergangstür fand, in die wirkliche Welt zurück.

Solnedgångsdörren ■ ■

Vid klippans kant stod en utsmyckad dörr. Varje kväll, när solen gick ner, skulle den skimra och glöda ✸✨. De som var tillräckligt modiga att öppna den fann sig i en värld där allt alltid var i skymningens mjuka famn. Tiden gick långsammare och frid omslöt hjärtat. Sarah, som sökte tröst från sitt hektiska liv, gick in en kväll. Hon fann en plats för reflektion, träffade likasinnade själar och återupptäckte sin passion för målning 🎨. Med varje besök förde hon tillbaka till den verkliga världen en bit av den lugn hon fann bortom solnedgångsdörren.

Solnedgångsdörren ■ ■ (Aussprache)

Vid klipp-ans kant stod en utsm-yck-ad dorr. Varje kvall, nar sol-en gick ner, skulle den skim-ra och glod-a ✸✨. De som var tillrack-ligt modig-a att oppn-a den fann sig i en varld dar allt alltid var i skymning-ens mjuka famn. Tiden gick langsam-are och frid omslot hjart-at. Sarah, som sok-te trost fran sitt hektisk-a liv, gick in en kvall. Hon fann en plats for reflektion, traff-ade likasinn-ade sjal-ar och aterupptack-te sin passion for maln-ing 🎨. Med varje besok ford-e hon tillbak-a till den verklig-a varld-en en bit av den lugn hon fann bortom solnedgangsdorr-en.

Unsichtbarer Mantel 🧥👻

Liam stolperte in einem urigen Trödelladen über einen eigenartigen Mantel. Auf dem Etikett stand: "Für diejenigen, die unsichtbare Abenteuer suchen" 🔍. Neugierig zog er ihn an und verschwand sofort!⬤ Panik verwandelte sich in Faszination, als er die Welt unsichtbar durchquerte. Er hörte ehrliche Komplimente von Freunden, beobachtete zufällige Akte der Güte und verhinderte sogar einen Handtaschendiebstahl. Doch er erkannte auch die Einsamkeit des Unsichtbarseins - die Schönheit des Lebens lag in gemeinsamen Erlebnissen. Er entschied, dass es genug war, nahm den Mantel ab und tauchte wieder auf⬤. Es war nicht nur ein Kleidungsstück; es war eine Lektion, Verbindungen über Anonymität zu schätzen. Er spendete den Mantel zurück und hinterließ eine Notiz: "Nutze weise, verstehe tief."

Osynlig Kappa 🧥👻

Liam, medan han bläddrade i en pittoresk secondhandbutik, snubblade över en besynnerlig kappa. Lappen läste, "För dem som söker osedda äventyr"🔍. Nyfiken, satte han på sig den och försvann omedelbart!● Panik blev fascination när han navigerade genom världen osedd. Han hörde äkta komplimanger från vänner, bevittnade slumpmässiga goda gärningar, och förhindrade till och med ett väskstöld. Men han insåg också ensamheten i att vara osynlig—livets skönhet låg i delade upplevelser. Besluten om att han hade fått nog, tog han av sig kappan och dök upp igen●. Det var inte bara ett klädesplagg; det var en läxa i att värdera förbindelser över anonymitet. Han skänkte tillbaka kappan, och lämnade en lapp: "Använd klokt, förstå djupt."

Osynlig Kappa 🧥👻 (Aussprache)

Liam, med-an han blaed-dra-de i en pit-to-resk se-cond-hand-bu-tik, snub-bla-de oever en be-synn-er-lig kap-pa. Lap-pen laes-te, "För dem som soek-er osedd-a aevent-yr"🔍. Nyfik-en, sat-te han på sig den och foers-vann omed-el-bart!● Pan-ik blev fas-ci-na-tion naer han na-vi-ge-ra-de genom vaerl-den osedd. Han hoer-de aek-ta kom-pli-mang-er från vaen-ner, bevit-ta-de slump-maess-iga god-a gaer-ning-ar, och foer-hind-ra-de till och med ett vaesk-stoeld. Men han insaag ock-saa ensam-he-ten i att va-ra osyn-lig—li-vets skoe-nhet laag i del-a-de upp-lev-el-ser. Beslut-en om att han ha-de fått nog, tog han av sig kap-pan och doek upp igen●. Det var in-te ba-ra ett klae-des-plagg; det var en laex-a i att vaer-de-ra foer-bind-el-ser oever anony-mi-tet. Han skaenk-te till-ba-ka kap-pan, och laem-na-de en lap-p: "Anvaend klokt, foer-staa djupt."

Mysteriöses Karneval 🎪🔍

Jeden Sommer erschien über Nacht ein Karneval am Stadtrand von Amelias Stadt. Es war kein gewöhnlicher Karneval. Die Gäste flüsterten von seinen rätselhaften Spielen, die auf die Zukunft hindeuteten 🔮, und Zelten, die Besucher in vergangene Zeiten transportierten 🔔. Neugierig beschloss Amelia, es zu erkunden. Als sie tiefer eindrang, fand sie ein Zelt mit dem Aufschrift "Verlorene & Gefundene Erinnerungen". Darin spielten sich Szenen aus vergessenen Kindheitserinnerungen ab. Lachen, Tränen, alte Freunde, die lange getrennt waren 👫, und vergangene Freuden füllten das Zelt. Beeindruckt erkannte sie, dass der Karneval nicht nur zum Spaß da war - es war ein Ort der Entdeckung und Reflexion.

Mystiskt Tivoli 🎪🔍

Varje sommar dök ett tivoli upp över en natt i utkanten av Amelias stad. Det var inget vanligt tivoli. Gäster viskade om dess gåtfulla spel som antydde ens framtid🔮 och tält som transporterade besökare till tidigare epoker🔔. Nyfiken bestämde sig Amelia för att utforska. När hon vågade sig djupare in, hittade hon ett tält märkt "Förlorade & Återfunna Minnen". Inuti spelades scener från glömda barndomsminnen upp. Skratt, tårar, gamla vänner som länge varit separerade👫, och tidigare glädjeämnen fyllde tältet. Förvånad insåg hon att tivolit inte bara var till för skojs skull—det var en plats för upptäckt och reflektion.

Mystiskt Tivoli 🎪🔍 (Aussprache)

Var-je som-mar doek ett ti-vo-li upp oever en natt i ut-kant-en av Ame-li-as stad. Det var ing-et van-ligt ti-vo-li. Gaes-ter visk-a-de om dess gaat-full-a spel som antyd-de ens fram-tid🔮 och taelt som trans-por-ter-a-de be-soek-are till ti-di-ga-re e-pok-er🔔. Nyfik-en bestaem-de sig Ame-lia foer att ut-fors-ka. Naer hon vaag-a-de sig djup-a-re in, hitt-a-de hon ett taelt maerkt "Foer-lor-a-de & Aa-ter-funn-a Min-nen". Inu-ti spel-a-des scen-er från glömd-a barn-doms-min-nen upp. Skratt, taar-ar, gam-la vaen-ner som laen-ge var-it se-par-er-a-de👫, och ti-di-ga-re glaed-je-aem-nen fyll-de taelt-et. Foer-vaan-ad insaag hon att ti-vo-lit in-te ba-ra var till foer skojs skull—det var en plats foer upp-taeckt och ref-lek-tion.

Anderer Himmelsweiher 🟦🐴

In einem abgeschiedenen Teil der Stadt lag ein eigenartiger Weiher verborgen. Die Leute flüsterten, dass ein Blick in seine Tiefen während der Dämmerung nicht das eigene Spiegelbild zeigte, sondern einen Nachthimmel aus einer anderen Welt●✨. Elara, neugierig, besuchte ihn eines Abends. Als die Sonne unterging🟦, blickte sie ins Wasser. Zu ihrem Erstaunen erschienen ihr unbekannte Sternbilder und von Menschen nie gesehene Planeten🪐🟦. Fasziniert fühlte sie eine tiefe Verbindung zu einem unbekannten Universum, dessen Geschichten und Geheimnisse sie anzogen. Sie besuchte den Weiher immer wieder und entdeckte jedes Mal einen neuen Himmel und fühlte sich wie eine kosmische Reisende.

Olika Himmel Dammen ■🌊

I en avskild del av staden låg en märklig damm gömd. Folk viskade att när man blickade in i dess djup under skymningen avslöjades inte din spegelbild, utan en natthimmel från en annan värld●✨. Elara, nyfiken, besökte en kväll. När solen sjönk■, tittade hon ner i vattnet. Till sin förvåning dök stjärnbilder som var okända och planeter som aldrig setts av mänskliga ögon upp🪐■. Fängslad kände hon en djup förbindelse till ett okänt universum, dess berättelser och mysterier lockade henne. Hon började besöka dammen ofta, varje gång upptäckte hon en ny himmel, kände sig som en kosmisk resenär.

Olika Himmel Dammen ■🌊 (Aussprache)

I en av-skild del av staden laag en maerk-lig damm gömd. Folk visk-a-de att naer man blick-a-de in i dess djup un-der skym-ning-en av-sloe-ja-des in-te din spe-gel-bild, ut-an en natt-him-mel från en an-nan vaerld●✨. El-a-ra, nyfik-en, be-soek-te en kvall. Naer sol-en sjönk■, titt-a-de hon ner i vat-tnet. Till sin foer-vaan-ing doek stjaern-bil-der som var ok-aen-da och plan-et-er som ald-rig setts av maen-skli-ga oe-gon upp🪐■. Faengs-lad kaen-de hon en djup foer-bind-el-se till ett ok-aent uni-ver-sum, dess be-raett-el-ser och mys-te-ri-er lock-a-de hen-ne. Hon boer-ja-de be-soek-a dam-men of-ta, var-je gaang upp-taeck-te hon en ny him-mel, kaen-de sig som en kos-misk re-sen-aer.

Uraltes Vogellied 🎵🎵🐦

Jeden Morgen wurden die Dorfbewohner von den bezaubernden Melodien eines geheimnisvollen Vogels geweckt. Die Legende erzählte von einem Papagei, der über Generationen weitergegeben wurde und Lieder von den Ahnengeschichten des Dorfes sang 🐦. Mia, eine neugierige Reisende, kam, um diese legendäre Darbietung zu hören. Sie setzte sich ruhig hin, und bald erschien ein lebhafter, alter Papagei, der Geschichten von Tapferkeit, Liebe und verlorenen Zivilisationen sang. Die Melodien trugen das Gewicht und die Weisheit vergangener Zeiten ■. Verzaubert erkannte Mia, dass dies nicht nur ein Lied war, sondern Geschichte, die durch das Symphonie der Natur am Leben erhalten wurde. 🐦♥

Forntida Fågelsång 🎶🐦

Varje gryning blev stadsborna serenaderade av en mystisk fågels förtrollande melodier. Legenden talade om en papegoja, nedärvd genom generationer, som sjöng sånger om stadens förfäders berättelser■. Mia, en nyfiken resenär, besökte för att höra denna legendariska föreställning. Hon satte sig tyst, och snart dök en färgstark, åldrad papegoja upp, sjungande berättelser om tapperhet, kärlek och förlorade civilisationer. Melodierna bar vikten och visdomen av förflutna tider■. Fängslad insåg Mia att detta inte bara var en sång utan historia som hölls vid liv genom naturens symfoni. 🐦♥

Forntida Fågelsång 🎶🐦 (Aussprache)

Var-je gry-ning blev stads-born-a se-re-nad-er-a-de av en mys-tisk faagels foer-troll-ande mel-o-di-er. Leg-end-en tal-a-de om en pap-e-goja, ned-aervd ge-nom gen-er-a-ti-on-er, som sjöng saan-ger om st-ad-ens foer-fae-ders be-raett-el-ser■. Mi-a, en nyfik-en re-sen-aer, be-soek-te foer att hö-ra denna leg-end-ar-is-ka foer-stall-ning. Hon sat-te sig tyst, och snart doek en faerg-stark, aal-drad pap-e-goja upp, sjung-ande be-raett-el-ser om tap-per-het, kaer-lek och foer-lor-a-de civil-i-sa-ti-on-er. Mel-o-di-er-na bar vikt-en och vis-dom-en av foer-flut-na tid-er■. Faengs-lad in-saog Mi-a att det-ta in-te ba-ra var en saang ut-an hist-o-ri-a som hölls vid liv ge-nom na-tur-ens symf-o-ni. 🐦♥

Magisches Rezept 🍲✨

Emma entdeckte ein altes, staubbedecktes Kochbuch auf dem Dachboden ihrer Großmutter mit einem einzigen Rezept namens "Suppe des Zufalls"📕. Neugierig sammelte sie die ungewöhnlichen Zutaten: "ein Hauch von Mondschein🌙, das Lachen eines Babys und eine Träne von jemandem, der Liebe fühlt". In jener Nacht bereitete sie die Suppe zu und ließ sie köcheln, während sie sich an Erinnerungen ihrer Familie erfreute, echtes Lachen und Tränen hervorrufend. Bei Verzehr verlieh jeder Schluck der Suppe ein Gefühl von tiefer Freude und Glück🍀. Freunde, die sie kosteten, erlebten unerwartet gutes Glück. Es waren nicht die mystischen Zutaten, sondern die Liebe und Emotion, die beim Kochen eingebracht wurden, die sie magisch machten. Von da an wusste Emma die wahre geheime Zutat: aufrichtige Emotion🖤.

Magiskt Recept 🍲✨

Emma upptäckte en gammal, dammtäckt kokbok i sin mormors vind, med ett enda recept med titeln "Slumpens Soppa"📕. Nyfiken samlade hon de ovanliga ingredienserna: "en nypa månljus🌙, ett skratt från en baby och en tår från någon som känner kärlek". Den kvällen tillagade hon soppan, lät den puttra medan hon värdesatte minnen av sin familj, framkallande äkta skratt och tårar. När den serverades, gav varje klunk av soppan en känsla av djup glädje och tur🍀. Vänner som smakade den upplevde oväntad god förmögenhet. Det var inte de mystiska ingredienserna, utan kärleken och känslan som lagts i matlagningen som gjorde den magisk. Från och med då visste Emma den verkliga hemliga ingrediensen: innerlig känsla🖤.

Magiskt Recept 🍲✨ (Aussprache)

Em-ma upp-taek-te en gam-mal, damm-taeckt kok-bok i sin morm-ors vind, med ett en-da re-cept med tit-eln "Slum-pens Sopp-a"📕. Nyfik-en sam-la-de hon de o-van-lig-a in-gred-i-ens-er-na: "en nyp-a maan-ljus🌙, ett skratt fr-an en ba-by och en taar fr-an naa-gon som kaen-ner kaer-lek". Den kvael-len till-a-ga-de hon sop-pan, laet den putt-ra med-an hon vaer-desat-te min-nen av sin fam-ilj, fram-kall-ande aek-ta skratt och taar-ar. Naer den serv-er-ad-es, gav var-je klunk av sop-pan en kaen-sla av djup glaed-je och tur🍀. Vaen-ner som sma-ka-de den upp-lev-de o-vaen-tad god foer-moeg-en-het. Det var in-te de mys-tis-ka in-gred-i-ens-er-na, ut-an kaer-lek-en och kaen-slan som lagts i mat-lag-ning-en som gjor-de den mag-isk. Fr-an och med da vis-ste Em-ma den verk-lig-a hem-lig-a in-gred-i-ens-en: in-ner-lig kaen-sla🖤.

Lebende Schneemänner ⛄❄

In dem Dorf Norhaven, während des ersten Schneefalls, formten Kinder Schneemänner, wie es Tradition war. Doch diese waren keine gewöhnlichen Schneemänner. Wenn sie mit Liebe und Sorgfalt gebaut wurden, wurden sie um Mitternacht lebendig! Sie tanzten, lachten und spielten in der stillen Winternacht. Tommy, ein Neuling, war skeptisch, baute aber einen mit ganzem Herzen. Um Mitternacht, zu seinem Erstaunen, wurde sein Schneemann lebendig und stellte sich als "Frostel" vor. Sie tauschten Geschichten aus, machten Schneeballschlachten und betrachteten die Sterne. Als die Morgendämmerung kam, kehrte Frostel zu seiner verschneiten Form zurück und hinterließ Erinnerungen, die wärmer waren als jeder Sommertag. ⛄

Levande Snögubbar ⛄❄

I staden Norhaven, under den första snöfallet, skulpterade barn snögubbar, som var tradition. Men dessa var inte vanliga snögubbar. När de byggdes med kärlek och omsorg skulle de vid midnatt komma till liv! De dansade, skrattade och lekte under den tysta vinternatten🌙. Tommy, en nykomling, var skeptisk men byggde en med hela sitt hjärta. Vid midnatt, till hans förvåning, kom hans snögubbe till liv och presenterade sig som "Frostel"🌨. De delade historier, hade snöbollskrig och tittade på stjärnorna. När gryningen närmade sig återgick Frostel till sin snöiga form, och lämnade bakom sig minnen varmare än någon sommardag. ⛄🎩

Levande Snögubbar ⛄❄ (Aussprache)

I staden Nor-hav-en, un-der den foer-sta snoe-fal-let, skulpt-er-a-de barn snoe-gub-bar, som var trad-i-tion. Men des-sa var in-te van-lig-a snoe-gub-bar. Naer de bygg-des med kaer-lek och om-sorg skull-e de vid mid-natt kom-ma till liv! De dans-a-de, skrat-ta-de och lek-te un-der den tyst-a vin-ter-nat-ten🌙. Tom-my, en ny-kom-ling, var skep-tisk men bygg-de en med hel-a sitt hjaer-ta. Vid mid-natt, till hans foer-vaan-ing, kom hans snoe-gub-be till liv och pres-en-ter-a-de sig som "Frost-el"🌨. De del-a-de his-to-ri-er, had-e snoe-bolls-krig och titt-a-de paa stjaern-or-na. Naer gryn-ning-en naer-ma-de sig ater-gick Frost-el till sin snoe-ig-a form, och laemn-a-de bak-om sig min-nen varm-are aen naa-gon som-mar-dag. ⛄🎩

Gefühls-Brosche 💎●

Emma stolperte auf einem Marktstand über eine antike Brosche. Neugierig steckte sie sie an. Im Laufe des Tages wechselte das Juwel die Farben♥♥♥. Beim Mittagessen wurde es blau, als sie sich ruhig fühlte ☕. Später wurde es rosa, als sie beim Treffen einer alten Freundin errötete. An jenem Abend, während sie einen herzzerreißenden Film anschaute, strahlte es ein sanftes Lila aus🎥♥. Die Brosche passte nicht nur zu ihren Outfits; sie spiegelte ihre tiefsten Gefühle wider und machte ihre Verbindungen mit anderen aufrichtiger und herzlicher.

Känslomässigt Brosch 🖤⚫

Emma snubblade på en antik brosch på en marknadsstånd. Nyfiken, satte hon fast den. Under dagen ändrade juvelen färger❤️❤️🖤. Vid lunch blev den blå när hon kände sig lugn 🫖. Senare blev den rosa när hon rodnade vid ett möte med en gammal vän. På kvällen, medan hon tittade på en tårfylld film, strålade den ett mjukt lila🎥🖤. Broschen matchade inte bara hennes kläder; den återspeglade hennes djupaste känslor, vilket gjorde hennes förbindelser med andra mer äkta och hjärtliga.

Känslomässigt Brosch 🖤⚫ (Aussprache)

Emma snub-blad-e pa en ant-ik brosch pa en mark-nads-stand. Ny-fi-ken, sat-te hon fast den. Un-der da-gen and-rad-e juv-el-en far-ger❤️❤️🖤. Vid lunch blev den bla nar hon kand-e sig lugn 🫖. Se-na-re blev den rosa nar hon rodnad-e vid ett mote med en gamm-al van. Pa kvall-en, med-an hon titt-ad-e pa en tar-fylld film, stral-ad-e den ett mjukt lila🎥🖤. Brosch-en match-ad-e int-e bar-a hennes klader; den at-erspeg-lad-e hennes djup-ast-e kan-sl-or, vilk-et gjord-e hennes for-bind-el-ser med andra mer akt-a och hjart-lig-a.

Schatz-Musikdose 🎶🎁

Zu ihrem Geburtstag erhielt die kleine Clara von ihrer Großmutter eine rustikale Musikdose. Beim Drehen des Schlüssels strömte eine harmonische Melodie heraus 🎵, begleitet von einem sanften Tanz der Figuren. Aber es gab Magie ✨. Jedes Mal, wenn sie spielte, füllte sich das Zimmer mit Düften und Klängen aus Großmutters Geschichten: Lavendelfelder aus Frankreich 🌿❤️, belebte Märkte in Marokko 🟤🛍️ und sanfte Wellen an karibischen Küsten 🌊. Jedes Lied war ein Schlüssel, der den reichen Teppich von Großmutters Abenteuern entsperrte und machte, dass Clara die Musikdose als ihren wertvollsten Besitz schätzte.

Skattmusiklåda 🎶📕

Till sin födelsedag fick lilla Clara en rustik musiklåda av sin mormor. När hon vred på nyckeln flödade en harmonisk melodi ut 🎵, åtföljd av en mjuk dans av små figurer. Men det fanns magi ✨. Varje gång den spelades fylldes rummet med dofter och ljud från mormors berättelser: lavendelfält från Frankrike 🌾💜, livliga marknader i Marocko 🔴🛍️, och mjuka vågor vid Karibiens stränder 🌊. Varje låt var en nyckel, som låste upp det rika vävnaden av mormors äventyr, vilket fick Clara att vårda musiklådan som sin mest värdefulla ägodel.

Skattmusiklåda 🎶📕 (Aussprache)

Till sin fod-el-se-dag fick lil-la Cla-ra en rust-ik mus-ik-lada av sin morm-or. Nar hon vred pa nyck-eln flod-ad-e en har-mon-isk melo-di ut 🎵, at-foljd av en mjuk dans av sma fig-ur-er. Men det fanns mag-i ✨. Var-je gang den spel-ad-es fyll-des rum-met med dof-ter och ljud fran morm-ors beratt-el-ser: lav-endel-falt fran Frank-ri-ke 🌾💜, liv-lig-a mark-nad-er i Mar-ock-o 🔴🛍️, och mjuk-a vag-or vid Ka-rib-i-ens strand-er 🌊. Var-je lat var en nyck-el, som lack-te upp det rik-a vav-nad-en av morm-ors avent-yr, vilk-et fick Cla-ra att vard-a mus-ik-lada-n som sin mest var-deful-la ag-o-del.

Versteckte Inselkarte 🌴🚩

Lucas fand beim Aufräumen seines Dachbodens eine alte Karte, die auf eine unentdeckte Insel hinwies. Mit Koordinaten in der Hand und einem Abenteuergeist⚫ brach er zu einer Reise auf, segelte durch ruhige Meere und stürmische Nächte. Nach Tagen des Navigierens kam er schließlich auf einer atemberaubenden Insel an, unberührt von der Zeit, mit goldenem Sand und kristallklarem blauen Wasser🌊. Die Insel verbarg Geheimnisse: alte Ruinen, sprechende Papageien🦜 und Bäume, die Früchte von vergessenen Geschichten trugen. Jede Ecke hielt eine Geschichte bereit, die darauf wartete, enthüllt zu werden.

Dolda Öns Karta 🌴📜

Lucas, medan han städade sitt vind, snubblade på en gammal karta som verkade antyda en oupptäckt ö. Med koordinater i hand och ett äventyrslystet sinne⬤, begav han sig ut på en resa, seglande genom lugna hav och stormiga nätter. Efter dagar av navigering kom han slutligen fram till en fantastisk ö, orörd av tid, med gyllene sand och kristallklart blått vatten🌊. Ön höll på sina hemligheter: gamla ruiner, talande papegojor🦜, och träd som bar frukt av glömda sagor. Varje hörn höll på en berättelse, som väntade på att nystas upp.

Dolda Öns Karta 🌴📜 (Aussprache)

Lu-cas, med-an han stad-ade sitt vind, snub-blade pa en gam-mal karta som verk-ade ant-ya en oupp-tackt o. Med koor-dinat-er i hand och ett avent-yr-slyst-et sin-ne⬤, beg-av han sig ut pa en resa, seg-lande genom lug-na hav och storm-iga nat-ter. Eft-er dag-ar av nav-iger-ing kom han slut-lig-en fram till en fant-ast-isk o, orord av tid, med gyll-ene sand och krist-all-klart blat vat-ten🌊. On holl pa sina hem-lig-het-er: gam-la ru-in-er, tal-ande pap-eg-oj-or🦜, och trad som bar frukt av glom-da sag-or. Var-je horn holl pa en beratt-el-se, som vant-ade pa att nyst-as upp.

Nacht-Museum 🌙

Amelia übernahm die Nachtschicht als Wächterin im örtlichen Museum, nachdem sie Geschichten gehört hatte, dass Ausstellungsstücke lebendig werden, wenn die Dunkelheit hereinbricht. Ihre erste Nacht, als die Uhr Mitternacht schlug, war sie erstaunt, als Gemälde Geschichten flüsterten 💬 und Statuen in den Ballsälen der Vergangenheit tanzten. Ein Pharao erzählte Geschichten aus dem alten Ägypten, während ein Ritter seine Lanzenkünste vorführte 🛡. Der magischste Moment war im Planetarium, wo Sterne Geschichten von kosmischen Wundern und weit entfernten Galaxien nachbildeten. Jede Nacht wurde zu einer Reise durch Zeit und Fantasie. Amelia fühlte sich nicht mehr wie eine Wächterin, sondern wie ein privilegiertes Publikum für die bezauberndsten Momente der Geschichte.

Nattmuseum 🌙⬛

Amelia tog nattskiftet som vakt vid det lokala museet, efter att ha hört historier om utställningar som kom till liv när mörkret föll. Hennes första natt, när klockan slog tolv, blev hon förvånad när målningar viskade historier⬛💬 och statyer dansade i balsalar från det förflutna. En farao berättade historier från det gamla Egypten, medan en riddare visade upp sina färdigheter i tornerspel🛡. Det mest magiska ögonblicket var i planetariet, där stjärnor återskapade berättelser om kosmiska underverk och avlägsna galaxer⬛. Varje natt blev en resa genom tid och fantasi. Amelia kände inte längre att hon var en vakt, utan en privilegierad publik till historiens mest förtrollande stunder.

Nattmuseum 🌙⬛ (Aussprache)

Amel-ia tog natt-skif-tet som vakt vid det lo-kal-a mus-e-et, eft-er att ha hordt his-tor-ier om ut-stall-ning-ar som kom till liv nar mork-ret foll. Hen-nes for-sta natt, nar klock-an slog tolv, blev hon for-van-ad nar mal-ning-ar visk-ade his-tor-ier⬛💬 och stat-yer dan-sade i balsal-ar fran det for-flut-na. En fa-ra-o beratt-ade his-tor-ier fran det gam-la Egyp-ten, med-an en rid-dar-e vis-ade upp sina fardig-het-er i tor-ner-spel🛡. Det mest mag-is-ka ogon-blick-et var i plan-et-ar-iet, dar stjar-nor aterskap-ade beratt-el-ser om kos-misk-a und-er-verk och avlags-na gal-ax-er⬛. Var-je natt blev en resa genom tid och fant-asi. Amel-ia kand-e inte lang-re att hon var en vakt, utan en priv-il-ej-er-ad pub-lik till his-tor-iens mest fortroll-and-e stun-der.

Zeitbrücke ⌛ ■

Beim Spaziergang durch die Stadt entdeckte Anna eine alte, vergessene Brücke. Lokale Legenden flüsterten, dass es sich nicht um eine gewöhnliche Brücke handelte, sondern um eine "Zeitbrücke". In der Dämmerung, mit dem Horizont in Tönen von Orange und Lila gemalt, beschloss sie, sie zu überqueren. Als sie die Brücke betrat, entfalteten sich um sie herum Szenen aus der Vergangenheit🌀. Pferdekutschen, antike Märkte und längst vergangene Zeiten erwachten zum Leben. Auf der anderen Seite angekommen, befand sie sich in einer vergangenen Epoche, in der die Menschen anders gekleidet waren und die Luft nach alten Geschichten roch. Anna verbrachte dort einen Tag und sog eine Geschichte auf, nicht aus Büchern, sondern in ihrer reinsten Form. Nachts überquerte sie die Brücke erneut und kehrte in ihre eigene Zeit zurück, das Herz voller Geschichten und Erinnerungen.

Tidbro ⧖ ◼

När Anna vandrade genom staden upptäckte hon en gammal, bortglömd bro. Lokala legender viskade att detta inte var någon vanlig bro utan en "Tidsbro". I skymningen, med horisonten målad i nyanser av orange och lila, bestämde hon sig för att korsa den. När hon klev på bron vecklades scener från det förflutna ut runt henne🌀. Hästdragna vagnar, antika marknader och sedan länge borta eror vaknade till liv. När hon nådde den andra sidan befann hon sig i en svunnen tid, där människor klädde sig annorlunda och luften luktade av gamla sagor. Anna tillbringade en dag där, uppslukande av en historia inte från böcker utan i dess renaste form. På kvällen korsade hon bron igen, återvände till sin egen tid, hjärtat fyllt av berättelser och minnen.

Tidbro ⧖ ◼ (Aussprache)

Nar An-na vand-rad-e genom stad-en upptack-te hon en gamm-al, bort-glomd bro. Lok-al-a leg-end-er visk-ade att det-ta int-e var nagon van-lig bro ut-an en "Tids-bro". I skym-ning-en, med hor-is-ont-en mal-ad i nyan-ser av or-an-ge och lil-a, bestam-de hon sig for att kor-sa den. Nar hon klev pa bron veckl-ad-es scen-er fran det for-flut-na ut runt hen-ne🌀. Hast-drag-na vag-nar, antik-a mark-nad-er och sed-an lang-e bor-ta eror vakn-ade till liv. Nar hon nad-de den and-ra sid-an befann hon sig i en svunn-en tid, dar mann-is-kor klad-de sig annorlun-da och luft-en lukt-ade av gam-la sag-or. An-na till-bring-ade en dag dar, uppsluk-and-e av en his-tor-ia int-e fran bok-er ut-an i dess ren-aste form. Pa kvall-en kor-sa-de hon bron ig-en, ater-vand-e till sin egen tid, hjart-at fyllt av beratt-el-ser och minn-en.

Wunschbrunnen 🫐⭐

In einer abgelegenen Ecke des Parks fand Liam einen alten Steinwunschbrunnen. Neugierig warf er eine Münze● hinein und äußerte einen Wunsch, in der Annahme, es sei nur eine Legende. Zu seiner Verwunderung umhüllte ein sanftes Leuchten den Brunnen, und eine leise Stimme hallte wider: "Wunsch erfüllt." Am nächsten Tag begann Liam, die Schönheit in kleinen Dingen zu sehen: das Lied der Vögel♪♪🐦, das Lachen von Kindern, den Duft blühender Blumen🌸. Es war nicht so, dass sich seine äußere Welt veränderte, aber seine Sichtweise schon. Er erkannte, dass der Brunnen Wünsche nicht so erfüllte, wie man es erwarten könnte, aber er öffnete das Herz für die Magie ringsum.

Onskningsbrunn ●✨

I en avskild hörna av parken hittade Liam en gammal stenönskebrunn. Nyfiken kastade han i ett mynt● och önskade sig något, tänkande att det bara var en sägen. Till hans förvåning omfamnades brunnen av ett skonsamt sken, och en mjuk röst ekade, "Önskan beviljad." Nästa dag började Liam se skönheten i små saker: fåglarnas sång♪♫🐦, barnens skratt, doften av blommande blommor🍀. Det var inte så att hans yttre värld förändrades, men hans perspektiv gjorde det. Han insåg att brunnen inte uppfyllde önskningar på det sätt man kanske förväntar sig, men den öppnade ens hjärta för magin runtomkring.

Onskningsbrunn ●✨ (Aussprache)

I en av-skild horn-a av park-en hitt-ade Li-am en gamm-al sten-onske-brunn. Nyfik-en kast-ade han i ett mynt● och onska-de sig nag-ot, tank-ande att det bar-a var en sag-en. Till hans for-van-ing om-famn-ad-es brunn-en av ett skon-samt sken, och en mjuk rost ek-ade, "Ons-kan bev-ilj-ad." Nast-a dag borj-ade Li-am se skon-het-en i sma sak-er: fagl-arn-as sang♪♫🐦, barn-ens skratt, doft-en av blomm-ande blomm-or🍀. Det var int-e sa att hans ytt-re varld for-andra-des, men hans pers-pek-tiv gjor-de det. Han insag att brunn-en int-e upp-fyll-de ons-kan-ar pa det satt man kanske for-vant-ar sig, men den oppn-ade ens hjart-a for mag-in runt-omkring.

Schachgeschichte ♟ ♙

Auf einem Dachboden entdeckte Sam ein altes Schachbrett. Jedes Stück war akribisch geschnitzt und stellte historische Figuren dar. Neugierig begann er eine Partie mit seinem Großvater. Mit jedem gezogenen Stein füllte sich der Raum mit Flüstern 🌀. Die Bauern erzählten Geschichten von alten Schlachten ✗, die Ritter berichteten von tapferen Taten 🛡, und die Könige und Königinnen sprachen von vergangenen Reichen 👑. Der Großvater erklärte, dass das Brett von Generation zu Generation weitergegeben wurde und die kollektiven Erinnerungen ihrer Vorfahren bewahrte. Das Spielen war nicht nur ein Spiel; es war eine Reise durch die Geschichte. Als sie fertig waren, fühlte Sam eine tiefere Verbindung sowohl zum Spiel als auch zu seiner Abstammung.

Schack Historia 🔔 ♟

På en vind upptäckte Sam ett gammalt schackbräde. Varje pjäs var noggrant utsnidad och liknade historiska figurer. Nyfiken började han ett parti med sin farfar. När varje pjäs flyttades fylldes rummet med viskningar🏆. Bonnerna delade berättelser om gamla slag⚔, riddarna berättade sagor om modiga dåd🛡, och kungarna och drottningarna talade om forna riken👑. Farfar förklarade att brädet hade överlämnats genom generationer och innehöll de samlade minnena från deras förfäder. Att spela var inte bara ett spel; det var en resa genom historien. När de var klara kände Sam en djupare koppling till både spelet och sin släkt.

Schack Historia 🔔 ♟ (Aussprache)

Paa en wind uptaeckte Sam ett gammalt schackbraede. Varje pjaes war noggrant utsnidad och liknade historiska figurer. Nyfiken boerjade han ett parti med sin farfar. Naer varje pjaes flyttades fylldes rummet med wiskningar🏆. Bonnerna delade beraettelser om gamla slag⚔, riddarna beraettade sagor om modiga daad🛡, och kungarna och drottningarna talade om forna riken👑. Farfar foerklarade att braedet hade oeverlaemnats genom generationer och innehoell de samlade minnena fraan deras foerfaeder. Att spela war inte bara ett spel; det war en resa genom historien. Naer de war klara kaende Sam en djupare koppling till baade spelet och sin slaekt.

Fernes Teleskop 🔭 ✨

Lila war schon immer von den Sternen fasziniert. Zu ihrem Geburtstag erhielt sie ein besonderes Teleskop 🔭, von dem gesagt wurde, dass es nicht nur das Universum, sondern auch ferne Welten und Zivilisationen ■ sehen kann. Jede Nacht schaute sie hinauf und beobachtete außerirdische Feste, interstellare Kreaturen und Galaxien, die weit über unsere Reichweite hinausgingen. Eines Abends sah sie eine Feier mit Wesen, die den Menschen etwas ähnlich sahen, aber ihr Tanz 🪐 🧚 und ihre Musik 🎵 ■ waren ätherisch. Sie schienen sie auch zu bemerken und winkten ihr zu. Lila erkannte, dass das Universum groß ist, aber auch über die Weiten des Raums hinweg Verbindungen geknüpft werden können. Von da an verbrachte sie jede Nacht mit ihren stellaren Freunden und verband zwei Welten nur mit einem Teleskop.

Fjarran Teleskop 🔭✨

Lila hade alltid varit fascinerad av stjärnorna. På hennes födelsedag fick hon ett speciellt teleskop🔭, sägs kunna visa inte bara kosmos utan också avlägsna världar och civilisationer■. Varje natt skulle hon titta upp, bevittna utomjordiska festivaler, interstellära varelser och galaxer långt bortom vår räckvidd. En kväll såg hon ett firande med varelser som såg lite ut som människor, men deras dans🪐💃 och musik🎵■ var övernaturliga. De verkade märka henne också och vinkade. Lila insåg att universum var stort, men förbindelser kunde skapas även över rymdens oändlighet. Varje natt därefter skulle hon umgås med sina stjärnvänner, bygga en bro mellan två världar med bara ett teleskop.

Fjarran Teleskop 🔭✨ (Aussprache)

Lil-a had-e allt-id var-it fascin-erad av stjarn-orna. Pa hen-nes fod-els-edag fick hon ett speci-ellt teles-kop🔭, sags kun-na vis-a int-e bar-a kos-mos ut-an ock-sa avlags-na varld-ar och civil-isat-ion-er■. Var-je natt skul-le hon titt-a upp, bevitt-na utomjord-iska festiv-al-er, inter-stell-ara var-els-er och galax-er langt bort-om var rack-vidd. En kvall sag hon ett fir-ande med var-els-er som sag lite ut som mann-iskor, men der-as dans🪐💃 och mus-ik🎵■ var over-naturl-iga. De verk-ade mark-a hen-ne ock-sa och vink-ade. Lil-a insag att univ-ersum var stort, men for-bind-els-er kund-e skap-as ag-en over rym-dens oand-lig-het. Var-je natt daref-ter skul-le hon umg-as med sin-a stjarn-vann-er, bygg-a en bro mell-an tva varld-ar med bar-a ett teles-kop.

Unbekannter Aufzug 💼🔍

Lana arbeitete in einem großen Bürogebäude, aber eines Tages stolperte sie über einen Aufzug, den sie noch nie zuvor gesehen hatte. Neugierig geworden, drückte sie den Knopf●. Innen gab es keine Stockwerksnummern, nur einen einzigen Knopf mit der Aufschrift "Überraschung". Mit einem Schlucken drückte sie darauf. Die Türen öffneten sich zu einem belebten Vintage-Markt🎪. Menschen handelten, Musik aus einer anderen Zeit spielte♪♪, und der Duft von frischen Gebäck zog durch die Luft. Sie verbrachte gefühlt Stunden mit Erkunden. Als sie zurückkehrte, waren in ihrer Welt nur Minuten vergangen. Von da an, immer wenn Lana eine Auszeit brauchte, wartete der unbekannte Aufzug💼🔍 auf sie.

Okand Hiss 🧳🔍

Lana arbetade i en stor kontorsbyggnad, men en dag snubblade hon över en hiss hon aldrig sett tidigare. Med ökad nyfikenhet tryckte hon på knappen⬤. Inuti fanns inga våningsnummer, bara en enda knapp märkt 'Överraskning'. Med en klump i halsen tryckte hon på den. Dörrarna öppnade sig till en livlig gammaldags marknad🏮. Folk prutade, musik från en annan tid spelade♪♪, och doften av färska bakverk svävade genom luften. Hon tillbringade vad som kändes som timmar med att utforska. När hon kom tillbaka hade endast minuter passerat i hennes värld. Från den dagen, när Lana behövde en paus, väntade den okända hissen🧳🔍 på henne.

Okand Hiss 🧳🔍 (Aussprache)

Lana ar-bet-a-de i en stor kont-ors-byg-nad, men en dag snub-blade hon oever en hiss hon ald-rig sett tid-igare. Med oekad ny-fi-ken-het tryckte hon paa knapp-en⬤. Inuti fanns inga vaan-ings-num-mer, bara en enda knapp maerkt 'Oever-rask-ning'. Med en klump i hals-en tryckte hon paa den. Doerr-arna oepp-na-de sig till en liv-lig gamm-al-dags mark-nad🏮. Folk pru-tade, mus-ik fraan en an-nan tid spel-ade♪♪, och doft-en av faers-ka bak-verk schwaev-ade genom luft-en. Hon till-bring-ade vad som kaend-es som tim-mar med att utf-ors-ka. Naer hon kom till-ba-ka hade endast min-uter pas-se-rat i hennes vaerld. Fraan den dag-en, naer Lana be-hoef-de en paus, vaent-ade den ookaend-a hiss-en🧳🔍 paa henne.

Winterblüten 🌸❄

Jeden Winter, wenn Schnee die Stadt bedeckte, erblühte Mias Garten🌸. Rosen, Lilien und Gänseblümchen breiteten ihre Blüten aus, als wäre es Frühling. Die Nachbarn schauten erstaunt. Wie? Mia lächelte und hütete ein wertvolles Geheimnis. Ihre Großmutter hatte ihr verzauberte Samen gegeben✨, die die Kälte zum Gedeihen suchten. Die Blumen waren nicht nur schön; sie strahlten Wärme aus🔥. Jeder, der sie berührte, fühlte eine gemütliche Umarmung, die die Winterkälte vertrieb. Der Garten wurde zu einer Zuflucht für die Stadtbewohner, einem Ort des Zusammenkommens, Geschichten und Lachens. Mias Winterblüten🌸❄ erinnerten alle daran, dass selbst in den kältesten Momenten Wärme und Schönheit zu finden sind.

Vinter Blommor 🌺❄️

Varje vinter, när snön täckte staden, blommade Mias trädgård🌺. Rosor, liljor och prästkragar spred sina kronblad som om det vore vår. Grannarna stirrade i förvåning. Hur? Mia log, med en dyrbar hemlighet i sitt hjärta. Hennes mormor hade gett henne förtrollade frön✨, som trivdes i kylan. Blommorna var inte bara vackra; de höll värme🔥. Alla som rörde dem kände en mysig omfamning, som skingrade vinterns köld. Trädgården blev en fristad för stadens invånare, en plats för samling, berättelser och skratt. Mias vinterblommor🌺❄️ påminde alla om att även i de kallaste stunderna kunde värme och skönhet hittas.

Vinter Blommor 🌺❄️ (Aussprache)

Varje vin-ter, naar snoen taec-ke-te staden, blomm-ade Mias traed-gaard🌺. Ros-or, lilj-or och praest-krag-ar spred sina kron-blad som om det vo-re vaar. Grann-arna stirr-ade i foer-vaan-ing. Hur? Mia log, med en dyr-bar hem-lig-het i sitt hjaer-ta. Hennes mormor hade gett henne foer-troll-ade froen✨, som triv-des i kal-an. Blomm-orna var inte bara vack-ra; de hoell vaerme🔥. Alla som roer-de dem kaen-de en mys-ig om-famn-ing, som skingr-ade vinter-ns koeld. Traed-gaard-en blev en fris-tad foer staden-s in-vaan-are, en plats foer sam-ling, beraet-tel-ser och skratt. Mias vinter-blomm-or🌺❄️ paamin-de alla om att aeven i de kall-aste stund-erna ku-nde vaerme och skoen-het hitt-as.

Weisheitshut 🎩🦉

Auf einem beschaulichen Flohmarkt fand Ben einen alten, staubigen Hut mit einem kleinen Eulenemblem. Neugierig setzte er ihn auf. Sofort fluteten Gedanken seinen Verstand🌀. Historische Ereignisse, mathematische Formeln, unbekannte Sprachen... Er konnte sie alle verstehen! Die Verkäuferin, eine ältere Dame, zwinkerte: "Es wird der Weisheitshut genannt. Aber denke daran, wahre Weisheit besteht nicht nur darin, Fakten zu kennen, sondern auch zu verstehen, wann und wie man sie anwendet." Ben trug ihn oft, half seiner Gemeinschaft bei Problemen und teilte vergessene Geschichten. Mit der Zeit erkannte er, dass der Hut Wissen verlieh, sein Herz jedoch Weisheit bot.

Visdoms Hatt 🎩🦉

På en pittoresk loppmarknad hittade Ben en gammal, dammig hatt med ett litet uggla-emblem. Nyfiken provade han den. Omedelbart strömmade tankar in i hans sinne🌀. Historiska händelser, matematiska formler, okända språk... Han kunde förstå dem alla! Säljaren, en äldre kvinna, blinkade och sa, "Den kallas för Visdomens Hatt. Men kom ihåg, sann visdom är inte bara att känna till fakta, utan att förstå när och hur man ska använda dem." Ben bar den ofta, hjälpte sitt samhälle med problem och delade med sig av bortglömda sagor. Med tiden insåg han att även om hatten gav kunskap, kom visdomen från hans hjärta.

Visdoms Hatt 🎩🦉 (Aussprache)

Paa en pit-to-resk lopp-mark-nad hitt-ade Ben en gamm-al, damm-ig hatt med ett lit-et uggl-a-em-blem. Ny-fi-ken pro-va-de han den. Ome-del-bart stroemm-ade tank-ar in i hans sin-ne🌀. His-to-ris-ka haen-del-ser, mat-e-mat-is-ka forml-er, ook-aend-a spraak... Han ku-nde foer-staa dem alla! Sael-jaren, en ael-dre kvin-na, blink-ade och sa, "Den kallas foer Vis-dom-ens Hatt. Men kom ihag, sann vis-dom aar inte bara att kaen-na till fak-ta, utan att foer-staa naar och hur man ska anvaen-da dem." Ben bar den of-ta, hjael-p-te sitt sam-hae-ll-e med problem och del-ade med sig av bort-glom-da sag-or. Med tid-en insaag han att aeven om hatten gav kun-skap, kom vis-dom-en fraan hans hjaer-ta.

Liebesglühen Halskette ♥✨

Zu ihrem 16. Geburtstag erhielt Lila eine schlichte Halskette mit einem Edelstein, der sanft leuchtete. Ihre Mutter flüsterte: "Dies ist seit Generationen in unserer Familie. Es leuchtet heller in der Nähe wahrer Liebe." Im Laufe ihres Lebens sah Lila, wie es um bestimmte Freunde, Familie, sogar Fremde strahlend leuchtete. Aber es leuchtete am hellsten, als sie Mara traf. Als ihre Liebe erblühte, so tat es auch das Strahlen des Edelsteins. Es wurde zu einem Leuchtfeuer ihrer Reise, durch Höhen und Tiefen, und erinnerte sie immer an die unerschütterliche Liebe♥, die sie teilten. Selbst in der Dunkelheit bot ihre Liebesglühen Halskette Licht✨.

Karleks Glod Halsband ♥✨

Lila fick ett enkelt halsband på sin 16-årsdag, med en ädelsten som lyste svagt. Hennes mamma viskade, "Detta har varit i vår familj i generationer. Det lyser starkare när det är nära sann kärlek." Genom livet såg Lila det lysa strålande kring vissa vänner, familjemedlemmar, till och med främlingar. Men det sken starkast när hon träffade Mara. När deras kärlek blomstrade, så gjorde ädelstenens glans det också. Det blev en fyr för deras resa, genom upp- och nedgångar, alltid påminnande dem om den outtröttliga kärlek♥ de delade. Även i mörker gav deras kärleksglödande halsband ljus✨.

Karleks Glod Halsband ♥✨ (Aussprache)

Lila fick ett en-kelt hals-band paa sin 16-aars-dag, med en aedel-sten som lyste svagt. Hennes mam-ma visk-ade, "Det-ta har var-it i vaar fam-ilj i gen-er-a-tion-er. Det ly-ser stark-are naer det aar nae-ra sann kaer-lek." Gen-om li-vet saag Lila det ly-sa straa-lan-de kring vis-sa vaen-ner, fam-ilje-med-lem-mar, till och med fraem-lin-gar. Men det sken stark-ast naer hon traff-ade Mara. Naer der-as kaer-lek blom-strade, saa gjorde aedel-sten-ens glans det ock-saa. Det blev en fyr foer der-as resa, gen-om upp- och ned-gaang-ar, all-tid paamin-nan-de dem om den out-troett-liga kaer-lek♥ de del-ade. Aeven i moer-ker gav der-as kaer-leks-gloed-an-de hals-band ljus✨.

Wandelndes Labyrinth 🌀 🌿

In einem abgelegenen Park gibt es ein Heckenlabyrinth, das bei Dämmerung seine Wege ändert. Jane, immer neugierig, betrat es eines Nachmittags ❉. Als der Sonnenuntergang näher kam, hörte sie ein sanftes Rascheln 🍃. Das Labyrinth veränderte sich 🌀! Wege verschwanden und neue tauchten auf. Jane spürte eine Mischung aus Nervenkitzel und Angst. Doch als sie sich konzentrierte, bemerkte sie, dass das Mondlicht bestimmte Muster am Boden hervorhob. Diesen folgend navigierte sie durch den bezaubernden Tanz des Labyrinths. Um Mitternacht trat sie triumphierend hervor. Das wandelnde Labyrinth, obwohl unvorhersehbar, lehrte sie, in den subtilen Hinweisen der Natur Orientierung zu suchen 🌿✨.

Skiftande Labyrint 🌀🌿

I en avskild park finns en häcklabyrint känd för att ändra sina gångar i skymningen. Jane, alltid nyfiken, gick in en eftermiddag☀️. När solnedgången närmade sig hörde hon ett mjukt prassel🌱. Labyrinten förändrades🌀! Vägar försvann och nya dök upp. Jane kände en blandning av spänning och rädsla. Men när hon fokuserade märkte hon att månljuset framhävde vissa mönster på marken. Genom att följa dessa navigerade hon genom labyrintens förtrollande dans. Vid midnatt kom hon ut, triumferande. Den föränderliga labyrinten, även om den var oförutsägbar, lärde henne att söka vägledning i naturens subtila ledtrådar🌿✨.

Skiftande Labyrint 🌀🌿 (Aussprache)

I en av-skild park finns en haek-la-byrint kaend foer att aan-dra si-na gaang-ar i skym-ning-en. Jane, all-tid ny-fi-ken, gick in en ef-ter-mid-dag☀️. Naer sol-ned-gaang-en naer-ma-de sig hoer-de hon ett mjukt pras-sel🌱. La-byrint-en foer-aen-drades🌀! Vaeg-ar foer-svann och nya doek upp. Jane kaen-de en bland-ning av spaen-ning och raed-sla. Men naer hon fo-kus-er-ade maerk-te hon att maan-lju-set fram-hae-vde vis-sa moen-ster paa mark-en. Ge-nom att foel-ja des-sa nav-i-ge-ra-de hon ge-nom la-byrint-ens foer-troll-an-de dans. Vid mid-natt kom hon ut, tri-um-fer-an-de. Den foer-aen-der-li-ga la-byrint-en, aea-ven om den var ofoer-ut-saeg-bar, laer-de henne att soe-ka vaeg-led-ning i nat-ur-ens sub-ti-la led-traa-dar🌿✨.

Ereignisglocke 🔔🎉

Jedes Jahr, in einem kleinen Dorf, wurde ein großes Fest durch das Läuten der alten Ereignisglocke angekündigt. Die Glocke, die auf einem hölzernen Turm hing, blieb das ganze Jahr über still, aber an jenem besonderen Tag verkündete ihr Klang 🎵 einen Tag voller Freude und Einheit. Kinder warteten auf den melodischen Klang, denn das bedeutete Spiele, Essen und Geschichten. Erwachsene schätzten die Glocke, weil sie Bande wiederbelebte. Ein Jahr riss das Glockenseil. Das Dorf kam zusammen, und jeder trug einen Faden bei, um ein neues Seil zu weben. Als die Glocke in jenem Jahr läutete, war es nicht nur eine Ankündigung, sondern auch ein Zeugnis für den gemeinschaftlichen Geist des Dorfes🔔🎉.

Händelse Klocka 🔔🎉

Varje år, i en liten stad, annonserades en stor festival genom ringningen av den gamla Händelseklockan. Klockan, upphängd på toppen av ett trä torn, var tyst hela året, men på den speciella dagen signalerade dess klang 🎵 en dag av glädje och enhet. Barn väntade på den melodiska ringningen, eftersom det innebar spel, mat och berättelser. Vuxna skattade klockan för att den återupplivade band. Ett år bröts klockans rep. Staden samlades, och varje person bidrog med en tråd för att väva ett nytt rep. När klockan ringde det året var det inte bara ett tillkännagivande utan ett vittnesbörd om stadens kollektiva ande 🔔🎉.

Händelse Klocka 🔔🎉 (Aussprache)

Var-je aar, i en li-ten stad, an-non-se-ra-des en stor fest-i-val ge-nom ring-ning-en av den gam-la Haen-dels-ek-loc-kan. Kloc-kan, upp-haengd paa topp-en av ett tra torn, var tyst he-la aar-et, men paa den spe-ci-el-la da-gen sig-na-le-ra-de dess klang 🎵 en dag av glae-dje och en-het. Barn vaen-ta-de paa den mel-o-di-ska ring-ning-en, ef-tersom det in-ne-bar spel, mat och be-raet-tel-ser. Vux-na skat-ta-de kloc-kan foer att den aate-rupp-li-vade band. Ett aar broets kloc-kans rep. Sta-den sam-la-des, och var-je per-son bid-rog med en traad foer att vaev-a ett nytt rep. Naer kloc-kan ring-de det aar-et var det in-te ba-ra ett till-kaen-nag-i-van-de ut-an ett vit-nes-boerd om sta-dens kol-lek-ti-va an-de 🔔🎉.

Kreaturen Schule 🏠🐾

Im Herzen des Waldes besuchten Kreaturen aller Größen eine einzigartige Schule 🏠. Eichhörnchen unterrichteten Mathematik und benutzten Eicheln zum Zählen. Eulen, so weise sie sind, gaben Geschichtsstunden über alte Tierreiche 📜📖. Frösche demonstrierten die Wissenschaft der Sprungphysik 🐸✨. Der Schulhof summte während der Pause von Zwitschern, Heulen und Quaken. Hier lernten junge Kreaturen nicht nur akademische Fähigkeiten, sondern auch die Werte des Zusammenlebens, des Verständnisses und des Respekts. Am Ende des Tages feierte das Schullied, gemeinsam gesungen, die Magie des gemeinsamen Lernens in der Wildnis 🎶🐾.

Varelse Skola 🏠🐾

I hjärtat av skogen deltog varelser av alla storlekar i en unik skola 🏠. Ekorren undervisade i matematik, och använde ekollon för räkning. Ugglor, visa som de är, gav historielektioner om gamla djurriket 🐻📕. Grodor demonstrerade vetenskapen bakom hoppfysik 🐸✨. Skolgården surrade av kvittranden, tjut och kväkande under rasten. Här lärde sig unga varelser inte bara akademiska färdigheter utan också värdena av samexistens, förståelse och respekt. I slutet av dagen sjöngs skolans sång i unison, vilket firade magin av att lära sig tillsammans i det vilda 🎶🐾.

Varelse Skola 🏠🐾 (Aussprache)

I hjaer-tat av sko-gen del-tog va-rel-ser av al-la stor-le-kar i en un-ik sko-la 🏠. Ek-or-ren un-der-vis-a-de i mat-e-mat-ik, och an-vaen-de ek-ol-lon foer raek-ning. Ug-gl-or, vis-a som de aar, gav his-to-rie-lek-tion-er om gam-la djur-rik-et 🐻📕. Gro-dor de-mon-stre-ra-de ve-tens-kap-en ba-kom hopp-fy-sik 🐸✨. Skol-gaard-en sur-ra-de av kvit-tran-den, tjut och kvaek-an-de un-der ras-ten. Haer laer-de sig un-ga va-rel-ser in-te ba-ra a-ka-de-mis-ka faer-di-ghet-er ut-an ock-saa vaer-de-na av sam-exis-tens, foer-staa-el-se och res-pekt. I slu-tet av da-gen sjoengs skol-ans saang i u-ni-son, vil-ket fi-ra-de ma-gin av att lae-ra sig till-sam-mans i det vil-da 🎶🐾.

Gedankenlesen-Tag 💭💬

Einmal pro Jahrzehnt erlebte die Stadt ein besonderes Ereignis: den Gedankenlesen-Tag. Für 24 Stunden konnte jeder die Gedanken des anderen hören. Zuerst war es ein Chaos: Geheimnisse wurden enthüllt, Überraschungen verdorben. Doch mit der Zeit begannen die Menschen ehrlicher zu kommunizieren. Entschuldigungen wurden angeboten, Missverständnisse geklärt. Familien rückten näher zusammen, Nachbarn wurden zu Freunden. Bei Sonnenuntergang war der Stadtplatz voller Lachen, Musik und Tanz. Als Mitternacht näher rückte, verblasste das Gedankenlesen, aber seine Lektionen blieben. Die Stadt erkannte die Kraft von Transparenz, Verständnis und Vergebung 🌙💬.

Tanke-Lasande Dag 💬💬

En gång varje årtionde upplevde staden en egendomlig händelse: Tanke-läsande Dag. I 24 timmar kunde alla höra varandras tankar. Till en början var det kaos: hemligheter avslöjades, överraskningar förstördes. Men när timmarna gick började folk kommunicera mer genuint. Ursäkter gjordes, missförstånd klarnade upp. Familjer blev närmare varandra, grannar blev vänner. Vid solnedgången var stadstorget fyllt med skratt, musik, och dans. När midnatt närmade sig, bleknade tanke-läsningen, men dess lärdomar kvarstod. Staden insåg kraften i öppenhet, förståelse, och förlåtelse 🌙💬.

Tanke-Lasande Dag 💬💬 (Aussprache)

En gaang var-je aar-ti-on-de upp-lev-de sta-den en egen-dom-lig haen-del-se: Tan-ke-laes-an-de Dag. I 24 tim-mar kun-de al-la hoera va-ran-dras tan-kar. Till en boer-jan var det ka-os: hem-lig-he-ter av-sloe-ja-des, oev-er-ras-kin-gar foer-stoer-des. Men naer tim-mar-na gick boer-ja-de folk kom-mu-ni-ce-ra mer ge-nu-int. Ur-saek-ter gjor-des, miss-foer-staand klaer-na-de upp. Fa-mil-jer blev naer-ma-re va-ran-dra, gran-nar blev vaen-ner. Vid sol-ned-gaang-en var stads-tor-get fyllt med skratt, mu-sik, och dans. Naer mid-natt naer-ma-de sig, blek-na-de tan-ke-laes-an-den, men dess laer-dom-ar kvar-stod. Sta-den in-saag kraf-ten i oep-pen-het, foer-staa-el-se, och foer-laat-el-se 🌙💬.

Sternenstaubbrunnen ⛲✨

Liam bemerkte immer den alten Brunnen ⛲ im Park, aber in einer klaren Nacht änderte sich etwas. Während die Sterne oben funkelten, schimmerte das Wasser des Brunnens mit Sternenstaub ✨. Als er das Wasser berührte, spürte Liam einen Schwall von Träumen, Hoffnungen und Erinnerungen an jene, die zuvor dort Wünsche geäußert hatten. Jede Nacht kehrte er zurück, in der Hoffnung, sich mit den Geschichten von Fremden zu verbinden, und dabei erkannte er, dass unter der weiten Ausdehnung der Sterne die Träume aller miteinander verbunden waren.

Stjarnstoft Fontan ⛲✨

Liam hade alltid lagt märke till den gamla fontänen ⛲ i parken, men en klar natt förändrades något. Medan stjärnorna blinkade ovanför skimrade fontänens vatten med stjärnstoft ✨. När han rörde vid vattnet kände Liam en ström av drömmar, hopp, och minnen från de som tidigare hade önskat där. Varje natt skulle han återvända, i hopp om att koppla upp sig med berättelser från främlingar, och genom att göra det, insåg han att under den oändliga himlen av stjärnor, var allas drömmar sammanlänkade.

Stjarnstoft Fontan ⛲✨ (Aussprache)

Liam ha-de all-tid lagt maer-ke till den gam-la fon-taen-nen ⛲ i par-ken, men en klar natt foer-aen-dra-des naa-got. Me-dan stjaer-nor-na blink-a-de ovan-foer skim-ra-de fon-taen-nens vat-ten med stjaern-stoft ✨. Naer han roer-de vid vat-tnet kaen-de Liam en stroem av droem-mar, hopp, och min-nen fraan de som ti-di-ga-re ha-de oens-kat daer. Var-je natt skul-le han aat-er-vaen-da, i hopp om att kop-pla upp sig med be-raet-tel-ser fraan fraem-ling-ar, och ge-nom att goe-ra det, in-saag han att un-der den oe-aen-dli-ga him-len av stjaer-nor, var al-las droem-mar sam-man-laen-ka-de.

Helfen Sie uns, Ihre Gedanken zu teilen!

Liebe Leserin, lieber Leser,

Vielen Dank, dass Sie sich für unser Buch entschieden haben. Wir hoffen, dass Sie die Reise durch seine Seiten genossen haben und dass sie einen positiven Einfluck auf Ihr Leben hatte. Als unabhängige Autoren sind Rezensionen von Lesern wie Ihnen unglaublich wertvoll, um uns zu helfen, ein breiteres Publikum zu erreichen und unsere Kunst zu verbessern.

Wenn Ihnen unser Buch gefallen hat, bitten wir Sie, sich einen Moment Zeit zu nehmen, um eine ehrliche Bewertung abzugeben. Ihr Feedback kann einen großen Unterschied machen, indem es potenziellen Lesern Einblicke in den Inhalt des Buches und Ihre persönliche Erfahrung bietet.

Ihre Bewertung muss nicht lang oder kompliziert sein – nur ein paar Zeilen, die Ihre ehrlichen Gedanken ausdrücken, wären enorm geschätzt. Wir schätzen Ihr Feedback und nehmen es uns zu Herzen, um unsere zukünftigen Arbeiten zu formen und mehr Inhalte zu erstellen, die bei Lesern wie Ihnen Anklang finden.

Indem Sie eine Rezension hinterlassen, unterstützen Sie uns nicht nur als Autoren, sondern helfen auch anderen Lesern, dieses Buch zu entdecken. Ihre Stimme zählt, und Ihre Worte haben die Kraft, andere zu inspirieren, sich auf diese literarische Reise zu begeben.

Wir schätzen Ihre Zeit und Ihre Bereitschaft, Ihre Gedanken zu teilen, wirklich. Vielen Dank, dass Sie ein wesentlicher Teil unserer Autorenreise sind.

Printed in Great Britain
by Amazon